占星術

占星術

その科学史上の位置

紀伊國屋書店

中山　茂

密教の星祭りに使われた星まんだら，いちばん外側は二十八宿，その中は黄道十二宮，さらにその中の上部には九曜（日月五惑星，羅睺，計都），下部には北斗七星を配し，中央は須弥山に坐した仏陀である（山口県萩市見島讃岐坊〈真言宗〉所蔵）．

人体各部と十二宮との対応図

目次

第二章　個人のための占星術

第三章　日本の占星術

第四章　科学と占星術

新装版によせて

この本の初版（新書判）が出てから十五年になる。初版当時の書評では、日本語では類書のない客観的な占星術史の本であると評価されたが、同時に友人から、今日の術師や易者をからかいすぎているのではないか、と云われた。当時この本を書くために、多少術師や易者ともつきあって、その無知ぶりに慨嘆させられたのが、どうしても文体にあらわれていたのだろう。

その後、一九七〇年代初めに、占星術ブームが一時的に学生のあいだにひろまったことがある。とくにそれはアメリカにおいていちじるしかった。科学至上主義の詰めこみ教育に疲れた学生たちが、大学批判、近代科学批判のよすがにと、占星術を持ち出してきたのである。「民衆のあいだで、天文学ファンよりも占星術ファンの方がはるかに多い。それだけ占星術の方が社会的需要が高いのだ。この現実を大学人は、科学者はどう考えるか？」というのが、学生の突き出した問題であった。「近代科学は未来の予測を事としない。とくに個人の未来の予測にはまったく無能である。ところが、未来を知りたいという願望は、科学の発達を以ってしても駆逐できないから、占星術はつねに存在を主張しつづける」というのが、それに対する一応の答であろう。そして、近代科学の役割を相対化する上で、占星術は一役買った。

さらに最近日本では、ホロスコープ占星術が、多少のエキゾチズムを伴って、ブームであると云う。歴史家としてこの現象を見ると、今のブームは何とあかるい、遊戯性に満ちたものであることか。古代・中世の占星術は、人にまぬがれがたい宿命決定論を押しつけるもので、暗いかげがつねにつきまとうという印象があるが、今日のそれは宿命決定論を信じないで、ただ明日という未知の世界との交信のゲームをたのしんでいるのだ。

占星術ブームにともないその指南書の売れ行きもブームの観を呈しているが、研究書は依然として少ない。この本の初版以後、あまり目ぼしいものが出版されたとも聞かない。日本語ではその後、科学啓蒙家のクーデールの書いた『占星術』の訳書（クセジュ文庫）が出たが、今日の水準からすれば物足りないものであるから、依然としてこの本を再版する意味はあるものと思う。ちなみに、この本の朝鮮語訳が一九七五年に出、英訳も勧められている。

一九七九年六月二〇日

中山　茂

プロローグ

第二次大戦中のイギリスで、どこからともなく、つぎのようなうわさが流れ出した。

「ヒットラーは、占星術師のいうことにしたがって作戦計画を立てている。そこで、イギリス軍諜報部も、同じ流儀の占星術師をやとって、敵の作戦を読みとり、裏をかいているんだ。」

戦時中のアメリカの軍国映画に、ヒットラーが占星術を使っているシーンがあったし、数十人の占星術師をやとっていたという噂が通俗占星書に報じられている。

ことの真偽のせんさくはともかくとして、戦時中ほど占星術がさかんになり、民心に影響力を持った時はない。暗い報道管制下に、戦場に送り出した夫や息子の身の上を気づかいながら、銃後を守っているイギリスの主婦たちは、毎朝、新聞が配られるとまっさきに「今日の占星」の欄を開いてみる。そして安堵の溜息をついたり、眉を曇らせたりする。

一九四〇年四月十日、占星予報はいう。「天文学的見地からみれば、ノルウェー侵略はヒットラー側の大誤算となろう。」さらに四月二十一日、「連合軍の勝利はもはや時間の問題であろう。」ところが、五月三日、イギリス軍のノルウェー撤兵となった。

五月十九日、「週末には良いニュースが聞けよう」。週末にはベルギーが降伏してしまった。

一九四一年四月六日、「ヒットラーは窮地に陥った。その軍隊はまさに崩壊せんとしている。占星術の計算によると、四月六日から二十六日までの期間が、ドイツ敗北のやまとなろう」。実際には、ドイツ軍は四月六日にギリシアに侵攻し、イギリス軍は二十九日に撤退している。

新聞の占星予報は、つねに明るい希望を持たせるようなことばかり書きつらねた。緒戦の苦闘の間は、それは裏切られつづけた。それでも主婦たちはたよりにした。そして影響力はいささかも衰えなかった。かりに「良心的」な占星術師がいて、悪い予報をしたとしても、誰も読んでくれなかったろう。営利新聞の編集方針は、常に読まれることを原則とする。かくして占星術は、チャーチルのVの字とともに、銃後の士気の鼓舞に一役買ったのである。

*

今日のインテリに星占いの話をしても、誰も相手にしてくれないだろう。新興宗教の出現には眉をひそめる人も、占星術となれば、まず話題にすらしようとしないだろう。そんなものは、とっくの昔に死に絶えたはずである。たとえ死に絶えなくとも、この人間衛星の飛ぶ時代には、人類は占星術なんか卒業してしまっているはずである。

ところが、前述のイギリスの主婦のような例もある。また、インドあたりでは、現在でも日々の商取引から国際情勢の分析まで、今日は惑星の配置が悪いから取引は止めにするとか、どこそこに彗星があらわれたから中印紛争はさらに紛糾するとかいう占いがまじめに信じられ、その星の指図にしたがうことが現に実行されているのである。占星術の科学的基礎の問題はともかく、社会現象としてはまだまだ取り上げて問題にすべき点が残されている。

占星術に賛成でも反対でもない立場

占星術は、いやしくもインテリをもって任ずる者の、口にすべからざることであった。「であった」とことさらに過去形で書いたのは、なにも現在また占星術は復活している、ということではない。「理性の時代」といわれる十八世紀には、もし占星術を口にする者でもあれば、徹底的にそれを反駁することが、インテリたる者の責務と心えられていた。かりそめにも占星術を擁護したり、信じたりすれば、知的社会から仲間はずれにされ、教会の牧師や学校の教師なら、その職を失うことさえありえたのである。

ところが、十九世紀も半ばを過ぎると、理性でなければ夜も明けない啓蒙主義の嵐もすぎ、占星術を客観的、科学的に扱おうという、余裕のある態度があらわれ始める。古代史を正確に再現するには、古代人の発想法を知らねばならない。われわれ現代人の価値基準を歴史の上に押しつけてはならない。今日では週刊誌の片隅に押しこめられている占星術も、昔は暴君的支配力を持っていたはずである。その暴君を理解することが、古代文明の秘密を解く鍵になる。そこで、現代社会における占星術の功罪はひとまずおいて、それを歴史的産物として、その発生から発達・衰退までを冷静な科学者の眼で見つめてゆこうとする。こうしてひとつの学問ができあがる。十九世紀の末から二十世紀の初めにかけて、オリエント研究とともに、以上のような占星術の客観的研究がひとつのピークに達した。

今日の占星術師たちは、「近頃の知識人どもは、内容も知らないくせに、占星術をまったく馬鹿にしている」と憤慨する。知識人は星占いを一顧にも値しないものと頭から馬鹿にしていることはたしかだが、占星術師の方も占星術の客観的・学問的研究をご存知ないようである。学問的研究の本はごくわずかであるのに対して、占星術の信者の手になるものは、今日でもまさに汗牛充棟、うんざりするほど出ている。しかもどれもこれも手前勝手で、いい加減なものである。

私が、これから占星術について述べようとする立場は、賛成でも反対でもない第三の立場、つまり占星術にいかれてもいなければ、その愚鈍さに憤慨もしていない客観的研究である。客観的に見るということは冷えた頭でないとできないし、冷えた頭からすればいかれた結論にいたることはまずありえない。

ハーバード大学の科学史の試験に、占星術の問題を出したことがある。と、ある一年生の答案に、悲憤慷慨、占星術弾劾の長広舌がふるってあった。そのかわり、内容は何もない。こういう答案には、われわれはいい点をあげるわけにはゆかないのである。

十八世紀の知識人たちにとっては占星術は父祖の怨霊のようなもので、それに対して、目をつぶり、耳をおおいたかったであろうが、われわれはこの死して化石となった「科学」をていちょうに葬ってやり、その墓碑銘を刻みこもうとするのだ。

天変占星術と宿命占星術

たまたま手許にあったインドの占星術の指南書を一冊開いてみる。「生まれた時に月がおとめ座にあれば、その人は水難の相があり、皮膚病か肥満症にかかりやすい」「月と金星がともに白羊宮にある時は、婦人はなまめかしく、官能的になる」等々。以上はかんたんな例であるが、諸惑星や星座、時刻の組み合わせで、まだまだ計算が厄介になる。こういう得体の知れないナンセンスをいくら寄せ集めても、系統立ったものの糸口も見出せない。そこで、われわれの仕事は、まずこれらの経験法則(?)の集団を分類して整理することから始まる。

およそ、占星術をもって一家をなすと自任する者なら、めいめいちがった自己流の分類の仕方を持っている。ここでは、それらにわずらわされず、占星術の方法、用途に応じて大きく二つに分ける。

一つは天下国家のことを占うもの、もう一つはわれわれ庶民に身近な個人の運勢を占うものである。

今日でも海水の温度を測って、その年の小豆相場を占う相場師がいる。海水の温度が直接小豆のでき高に影響するものでもないだろうが、「風が吹けば桶屋が儲かる」以上の関係はありそうである。科学の法則を頼りに、二つのできごとの関係を理づめで押してゆこうというセンスのまだあまり発達していなかった大昔には、科学的推論の糸をたぐらずになんでも結びつけたがった。

ある晴れた日に、突然日が欠け日食になった。みんなびっくりした。ちょうどその時、叛乱が起こった。そして天子はさらにびっくりした。二つとも異常になまなましい体験で、永く記憶に残るものであった。どうやら叛乱は平定したものの、天子にとっては、今度日食が起こったら、また叛乱が起きるだろう、とたえずびくびくすることになる。そこで天体観測の専門家をやとって、夜の目も寝ずに天に異常現象が起こるのを監視させる。何か天変があれば、すぐ地上への影響に備えなければならない。これは古くバビロニアや中国に共通して起こったもので、その方法は天変によって、地上の現象を占うものだから、「天変占星術」と呼ぶことにする。

天変は同じ村の太郎兵衛には起こって、次郎兵衛には起こらない、というものではない。広い地域にわたって、どこからでも認められる。つまり天下国家的現象なのである。だから政治家、とくに古代専制君主は、世を治めるためにたえずこの天変現象に注意を払っている。だから天変占星術は為政の学なのである。そこで、これを「政治占星術」ということもできる。この天下国家の占星術を第一章で述べる。主に古代バビロニアと中国で行なわれたものを対象とする。

一方、古代専制王朝の下で人びとが奴隷のように暮らしている時代が過ぎると、多少とも個人の値打が上ってくる。めいめい自分の運勢に関心を持ち、運勢判断の専門家が出て、金を取って運勢占いのサービスをするようになる。ギリシア時代に始まったのが、この星と個人の運勢・宿命を結びつける考え方で、人が生まれた時の日、月、諸惑星の並び工合にいろいろ勝手な解釈をつけて、それがあなたの運命なんです、というようになる。でも同じ時に生まれた二人がちがった運命を辿る。これを説明するには生まれた場所の経度・緯度のちがいを取り入れねばならない。では同じ所で生まれた双生児でもちがった運命を持つじゃないか。それには、生まれた日だけではなく、時刻まで正確に定めて、その時の星の位置の差を論じなければならない。このようにして生まれた時刻と場所の関係において、惑星の位置を正確に算出することが要求される。これは相当発達した天文学がないと、できることではない。

占星術に使う生まれた時の惑星の位置を示す図を、ホロスコープという。この占星術の方法は、ホロスコープを使うものなので、「ホロスコープ占星術」というべきであるが、日本人にはホロスコープという言葉はあまり耳なれないので、もうすこし意味を広く取って、「宿命占星術」とよぶことにする。この個人のための占星術は、第二章でとりあげ、主としてヘレニズム以後の占星術の発展を述べる。

日本人が運勢を見ようという時は、ふつうすぐ筮竹を立てる易者や、天眼鏡で見る手相見を連想する。星など誰も見はしない。昨今は西洋式のホロスコープ占星術が週刊誌などに見られることもあるが、大勢はやはり筮竹・天眼鏡派である。では、日本では占星術がどういうように発達していったか、これが第三章のテーマである。

占星術の墓碑銘を書く、と前に述べたが、その功罪の収支決算表がはっきりしない限り、墓碑銘をきざむわけにはゆかない。占星術は迷信で、人類史上に汚点を残しただけだとかたづける啓蒙時代が過ぎ、科学史の研究が始まると、科学は魔術や擬科学から生じたもので、占星術も科学の、とくに天文学の生みの親である、だから決してないがしろにしてはならないという同情的見解が生じてきた。また一方、占星術は天文学の知識を、人生問題に応用したもの、つまり天文学の応用であり、天文学の子だという解釈も成り立つ。

天文学だけでなく、物理学、医学、気象学などに、占星術がどう関係したか、を見てゆくことは、科学史上の重要なテーマである。これを第四章で吟味し、科学の発展に役立ったか、それとも阻害したかに結論を下す予定である。

第一章　天下国家の占星術

占星術は帝王学

古代、占星術は帝王学であった。それはわれわれ下じもの者には手のとどかない所にあった。「君主のみが自由であった」とヘーゲルのいう東洋的専制主義の下にあって、占星術は君主に奉仕する学問として発生し、君主だけがその知識を使用する自由を独占していた。それは、バビロニアと中国において、起こるべくして起こったのである。その展開のあとを辿ってみよう。

1　天変占星術の発生

原始人は星占いを知らない

今日のように生物と無生物の区別をはっきり知らなかった原始未開人の心には、木でも石くれでも、一切合切生きているもの、魂を持っているものと思えた。まして、天体のように光りかがやいて、天空を動くのは、当然生けるしるしだと考えた。そして星も動物や石や風、雨、嵐と同じく精霊を持っており、この霊は互いに影響し合い、人類とも神秘的な関係を持つ、と信じられた。だから雲の動き、風の方向、雷鳴、稲妻、地震と同じく、奇怪な動物の出現やいけにえの羊の肝臓も、人間世界に起こるべきことの前兆とみたのである。

しかし、未開人の神話伝承には、星の観測のことは案外出てこない。石器時代には、天体観測の必要もあまりなかったからであろう。日本の『古事記』、『日本書紀』のような記録にも、中国の影響が色濃くなるまでは、天体現象の記録はほとんどない。つまり、ある程度の文明ができあがった所でないと、天体への関心は出てこないのである。

天文学は、夜空にかがやく星々への憧れから出発したとか、原始人は宇宙についてすばらしい想像力を持っていた、というのは、現代人の郷愁か童話趣味による買いかぶりにすぎない。もちろん文字も知らず、食うや食わずの動物的生活水準でやっと生きながらえている未開人に、こういう知的な成果を期待することは無理である。占星術も同じことで、一連のある程度抽象的な思考に耐えうる一部エリートの用いた程度の高い知識であった。つまり、星の知識や天体信仰は、雑多な民間信仰より高尚なものであったのだ。そして占星術としてまとまった知識は、星辰信仰よりさらに高尚なものであった。

占星術の家元バビロニア

では、いつ、どこで、占星術は発生したのであろうか？　プロクルスをはじめ、古典ギリシアやヘレニズム時代の著述には、占星術とか魔術とかはすべてバビロニア（カルデア）から流れてきたものと書いてある。そこで、バビロニアは「東洋の神秘」の起源、家元、占星術はその専売特許というように、西洋文明の中では語り継がれてきた。

ところが、今世紀に入って楔形文字の解読がさかんになると、その文献のほとんどが金銭上のことで、占星術に関するものはごくわずかであることがわかった。たしかに、どこの文明でも経済活動は当然あることで、珍らしくはない。だから、西洋文明には珍らしいもの、魔術とか占星術とかがとくにバビロアの特産物として伝わっていったと考えられる。

汎バビロニア主義

二十世紀の始めから第一次大戦頃まで、ドイツで「汎バビロニア主義」なるものが流行したことがあった。この説によると、「バビロニアには、天体は神であり、その活動が地上の現象や人類の運命を定める、というひとつの古代オリエントの宇宙観、世界観が紀元前数千年からあった。エジプトもパレスティナもヒッタイト系もアラビアもこの世界観の下にある」とする。しかし、この仮説は、古代社会に対するひとつのイメージから出発したもので、根拠はない。バビロニア文明は非常に古く、周辺の文化の根源になっているというのは、何もこと新しい説ではない。しかしすべての周辺文化までバビロニアの宇宙論的世界観で説明するのは行きすぎである。とくに問題なのは、この仮説はバビロニア文明の最後の状態を、そのまま紀元前数千年という古い時代に映し出したという点である。

楔形文字の解読がすすむにつれて、この詩的空想は幻滅の憂き目を見ることになり、今日では「汎バビロニア主義」の信徒はほとんど見当らない。文献的に立証しうるかぎりでは、まとまったバビロニア天文学、占星術が見られるのは紀元前千年をさかのぼることはできず、せいぜい紀元前七世紀くらいから組織立った経験的知識の集積があらわれはじめ、紀元前五世紀から二世紀までの間に、バビロニア天文学、占星術はピークに達するのである。

中国にも占星術が起こった

中国にもバビロニアに似た現象が見られる。中国の天文学・占星術が、いつ頃から始まったかについても、文献の上でしっかりした解答を出すことはむずかしいが、バビロニアよりは少しおくれて、紀元前四世紀頃には、科学的と呼びうる天文観測技術があったものと思われる。バビロニアにしても中国にしても、「科学的天文学の始まり」という時、その「科学的」とはどういう意味あいを持つか、定義はむずかしいが、ここでは、原始民族の神話伝承的、呪術的な考え方から解放された、「意識的に法則を発見しようとする努力」ということにしておこう。学問の対象としても、人類学や考古学の対象から離れて、科学史の対象となる時代をさすのである。

中国の占星術のまとまった知識も、おそらく戦国時代にさかのぼれるであろう。紀元前百年頃に書かれた司馬遷の『史記』の中の「天官書」という章には、すでに中国占星術がまとまった形に整理されてある。これをバビロニアの楔形文字粘土板にあらわれた占星術（アシュルバニパル王の図書庫から出た紀元前七世紀頃の記録）とくらべてみると、おそろしく似た点がある。いくつか例をあげて、くらべてみよう。

(1)　バビロニア
火星が逆行運動をした後にさそり座に入ったら、王は用心しなければならない。これは非常に悪い日だから、王は宮殿の外に出てはならない。
　中　国
火星が角宿に入ると、戦争が起こる。房宿や心宿に入ると王に不利なことが起こる。

(2)　バビロニア
火星が金星の左にくると、アッカドの町に荒廃がおとずれる。
　中　国
火星が金星を追いかけている時は、軍隊に騒動が起き、士気沮喪する。火星が金星からすっかりはなれると、軍隊は退却する。

(3)　バビロニア
火星が月の宮にあり、その時月食が起こると、王は死に、その国は狭められる。
　中　国
月が大角星のそばで食されると、帝には悪い結果となる。

(4)　バビロニア
水星が金星に近づくと、王の権力は強大になり、その敵を圧倒する。
　中　国

水星と金星が東の空で接近し、ともに赤く輝くときは、外敵は大敗し、中国軍は勝利をうる。このような例は、まだまだ数多くある。

これらはみな日月食、月のかさ、諸惑星の離合集散、彗星の出現など、天空の異常現象から直接天下国家の大事、収穫、洪水、旱魃、暴風や、王の死、叛乱、軍事などを占うものである。その方法は天変を用いるものであるから、天変占星術と呼び、予言は、宝くじに当たるかどうか、美しい恋人にめぐりあえるかどうか、というような個人のささやかな願望に対する処方箋ではなく、一国を支配し統治する帝王のみが使用する帝王学の第一の課程である。

天文のもとの意味は占星術である

ここで、われわれの使う「天文」という言葉を説明しておこう。天文とは現代の科学的天文学とちがって、本来「天変占星術」のことを指すのである。中国の代々の王朝史の『天文志』の章には、初めに少し宇宙論のことが書いてあるが、あとはその大部分を「天変」の年代記的記録に当てている。今日の天文学に当たる科学的・数学的な部分は、暦学とよばれているが、中国では天文と暦学とはふつう同じ人間が兼ねるので、彼らを占星術者とも天文学者とも呼びうる。なお『五行志』は主に「地異」を記録している。

天変占星術は経験主義からスタートした

黒雲が生じ、風を巻き、雨を起こす。すると、地上では旱魃は救えるが、悪くすると洪水となり、せっかく丹精した作物が元も子もなくなってしまう。このような経験的知識は、古代人といえども持っていたはずである。天に変事があれば、地上に甚大な影響をおよぼす。これは今日の天気予報の根本原理である。

古代人には、稲妻や雷鳴のような気象上の現象と、日月食や彗星の出現のような太陽系に起こる天文現象とを区別するセンスはない。地震さえも天変の一つに数えられることがある。真昼間に、あれよあれよという間に太陽が黒くなる日食を見て、古代人は地震や雷以上にびっくりしたにちがいない。その驚きが、いい伝えになり、文字を持っていればそれを記録する。

その時たまたま外敵が攻めてきたとする。天災と人災を区別できないから、誰しも日食が外敵の侵攻を起こさせたと考える。だから、この次に日食が起こったら、また外敵が攻めてくるのではないか、と心配する。

日食はこのように、地上に大きなショックを与えるから、必らず記録する。また外敵の進攻も大事件だから、もちろん記録する。こうして、天変の記録と、地上の変事の記録とが、子々孫々、何代にもわたって累積して行く。

日食があるといつも敵が攻めてくるとは限らない。この前の日食の時は西隣の敵が攻めてきたが、今度の日食では攻めてこなかった。前の時は日食は西の空で起こったが、今度は東だったから、西隣の敵とは関係がなかったのだろう。そこで日食の起こった場所が問題になる。

このように、天文現象に関心を持つくらいひらけた所になると、暦を作って人民を統治する必要からも、ある程度の星座の知識を持つようになる。星座はいつも同じ形を保っている。ところが、その中で絶えず動いている天体がある。惑星だ。そこで惑星のことも気にしだす。惑星と惑星がある星座で接近する、ということが、天変の一事項として数えられるようになる。

一方、地上の現象でも、地域性が問題になってくる。天変は、一つの国のどこからでも見られるから、同じ天変がAに働いてBに働かないということはない。しかし、ある星座で天変が起こった時に、ある地方で洪水とか叛乱が起こったとする。すると、この星座はこの地方に関係するという地理的対応がついてくる。この地理占星術というべきものは、バビロニアにも中国にも古くから発達した。

2 天変占星術の特徴

経験主義

このようにして、天変占星術はますます詳しく、ますます洗練されてくる。その背後にある方法・思想は、健全な経験主義だ。天変のデータを集積し、地異のデータも集めるうち、天と地の間の関連、経験的法則が発見できるにちがいない、という確信が占星術師をして、あくなき努力に駆りたてる。

こうしてある程度経験的知識が集積する。ある星座にある天変が起こった。そこで占星術師は、ちょうど今日の判事が過去の判例を調べるように、今までの記録を調べ、この天変は地上にどういう影響をおよぼす、と判断する。

今日の人は、天上の現象と地上の事件とを直接結びつけるのは、科学的でない、というであろう。十七世紀にニュートンが引力法則を提出した時、互いに離れた二物体のあいだに見えない手——見えない引力がはたらくというのは、摩訶不思議な力を認めることになり、科学的でない、という反論が相当強かった。しかし、今日でも、素人で磁力や電気で引き合う現象を説明できる人は少ないはずである。

だから、天と地を物理的に結びつける機構が、理詰めでわからない時は、単なる経験法則でも十分役に立つと考えてよい。一つその例をとろう。

十七世紀初めにガリレオが望遠鏡を初めて天に向けて太陽の黒点を発見して以来、玄人の天文学者も黒点に常に関心を払っていた。しかし、黒点の活動状況、その数が十年あまりの周期で変化することを初めて見つけたのは、十九世紀も半ばの一八四三年、ドイツのアマチュア天文家シュバーベである。彼は四十三年間も毎日毎日曇った日と病気の時以外は、うまずたゆまず太陽の黒点の数を数えて、この成果に達したのである。

一方、同じ頃フンボルトが一八二八年音頭をとって始めた地磁気の国際的共同研究の成果が着々と上り、一八五一年地磁気にも十年あまりの周期的変化が認められることがわかった。これを黒点周期と比較してみると、その変化の位相がまったく一致する。そこでさらにガリレオ以来の黒点記録を調べて、十一年あまりの周期説が確立することになった。天と地の法則が、純経験的に結びつけられたのである。

黒点活動は、太陽の輻射量と関係すると考えられた。そこでさらにこの黒点周期を地上の気象と関係づけてみようという試みがあらわれる。一八〇一年のウィリアム・ハーシェル卿がその最初である。ところが当時まだ気象統計のまとまった記録はなかった。だから、しかたなく毎年の小麦相場の記録で代用した。黒点の多い時は、太陽の輻射量も多く、したがって小麦が豊作で、その相場は下る、と彼は予想したのである。ところが実際にはそう簡単に黒点と豊作の相関関係は見つからなかった。

今日でも、黒点周期が、暖冬異変のような気象の長期変化に関係するとか、樹木の年輪にその影響があらわれるとか、ニシンの漁獲高にも関係するとかいわれるが、これらはみな天変占星術と同じ方法で、経験的に発見されたものである。この「経験主義」が、天変占星術のひとつの大きな特徴である。

天変占星術は東洋的専制主義の下に発達する

バビロニアや中国に東洋的専制主義が発生したのは、大がかりな治水事業を必要とする灌漑農耕と、外敵防禦のための軍事力の必要によるものだ、という説がある。雨水にだけ頼って作物を作る自然農業とちがって、ティグリス、エウフラテスの両河や黄河の流域では、氾濫を防ぐために堤防をこしらえ、また旱魃にそなえて増水期の水を貯水池にたくわえ、これを多くの運河によって耕地に引きこむという仕事が必要になる。それには大規模な協同事業と、綿密な計画がいる。すると、この事業を計画し監督指導する人間が必要となり、ボスが発生する。ボスににらまれたが最後、一介の農耕民は水の供給を止められ、死んで行くよりしようがない。ジンギスカンに運河をつぶされ、部落全体死滅したという記録もある。だから農民は権力者に従順にならざるをえない。

一方、農耕地帯の平野のまわりには、腹を減らした狼のような遊牧民が隙あらばと虎視たんたん農作物を狙っている。彼らは農民のようにおとなしく保守的ではない。そこで農民側も権力者の下に軍隊を組織して、外敵に当たらねばならない。それには小さい地方自治ではうまくゆかず、いきおい中央集権的な強力な専制政治を必要とする。

この社会的基礎の上に立つ専制君主の関心は、自分および自分の一族のことの他は、治水と外敵に向けられる。天変占星術上で、天変が影響するという地上の事件を調べてみると、この君主の関心がよくあらわれている。すなわち、王や血族の死、洪水、飢饉、外敵の侵入、戦勝戦敗である。

天変は神のお告げである。この「天に誌された文字」を読み取り、神の意志を人間に伝える術が、占星術である。中国では、バビロニアの神観念と多少異なるが、神のかわりに天は絶対である。天子は天の意志を代行する。天変は天の意志のあらわれだから、彼はすみやかにこれをキャッチして、その意志に添うようにことを処さねばならない。

そこで、君主は、事あるごとに、神官や占星術師に相談して、その意見にしたがって、政治的決断を下す。占星術師は、最高政治顧問である。占星術が詳細になり組織化されてくると、たくさんの占星術師を高禄を与えてやとい、たえず天変の観測をやらせる。観測といっても、火の見櫓のような望楼に上り、夜通し、空の区域を分担して眺めているだけである。いつ何時天変が起こるかはかりしれないから、彼らは毎日毎夜緊張して天とにらめっこする。何かことあれば、今までの記録に照らして、解釈を附し、君主に上奏する。もちろんその解釈はすべて君子の関心事、天下国家の重大事に関することである。それはすなわち神や天の意志であるから、君主は絶対にしたがわねばならない。だから時には神官や占星術師は、占星術の知識を楯に、君主を脅迫することさえできたのである。彼らの宮廷内での発言権・権力は、そこらの小役人とはちがって、大したものであった。

占星術を用いた君主批判

ここに面白い説がある。『前漢書』にあらわれた天変記録の統計をとってみると、君主の代によってその頻度がちがう。天変は自然現象だから、ある時代にとくに多く起こるということは考えられない。天変占星術の根本思想は、天変を天が君主に下した警告だと解釈するものだから、うがった解釈をすれば、これは天変にこと寄せて、天変をふやしたりへらしたり手心を加えて天子に対する間接的批判を行なったものではなかったか、とも考えられる。民主主義時代とちがって自分の意見を公に発表する自由を持たなかった東洋的専制主義の下では、こういうことはありえたであろう。

日食に例をとって、近代天文学の計算によれば中国で日食が見えるはずである事例と、実際に天変として記録されたものとを比較すると、第1図のようになる。かなりの喰いちがいが目立つ。起こったはずの日食を記録しない時もあり、また起こらなかったはずの日食を起こったものとして報告したこともある。この関係を差し引きしてあらわしたのが第2図である。マイナス方向は日食の記録が少なすぎる場合、プラス方向は多すぎる場合である。さらに日食以外の天変の統計をとって

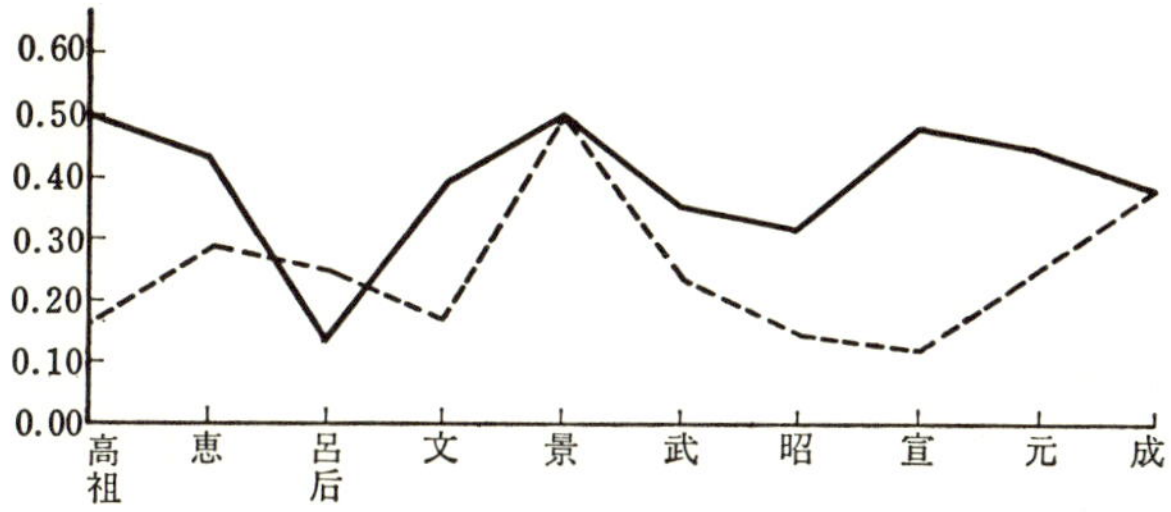

——観測さるべき日食数（1年平均）
……記録された日食数（1年平均）

第1図

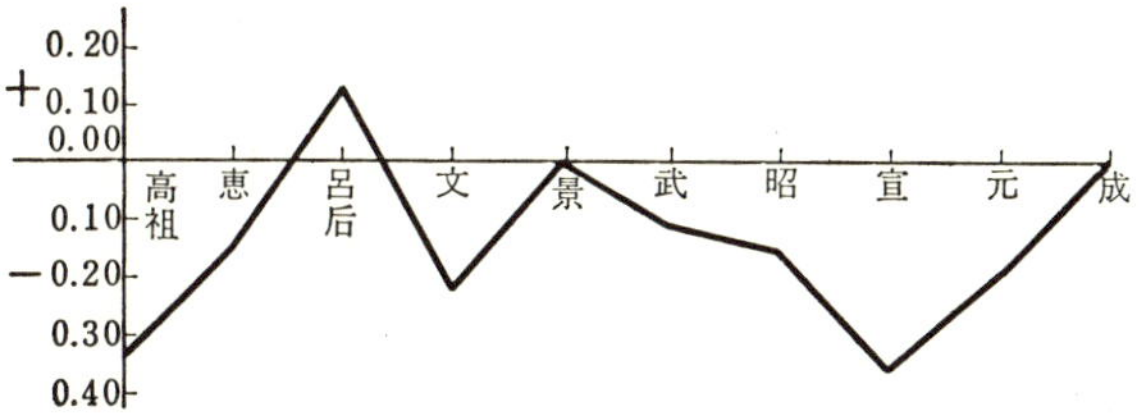

第2図

みると、第3図のようになる。第2図と第3図との間には、だいたい似たような傾向が読みとれる。すなわち、呂后や景帝は評判が悪く、高祖、文帝、宣帝は徳高かった、ということになる。

　批判される側は明らかに天子であるが、ではいったい批判する方は誰だったのか。まず『前漢書』の編纂者斑固に嫌疑がかかる。しかし、斑固は後漢の人で、後世の史家としてただ史料を整理したにすぎず、悪政の直接の被害者ではないとすると、それは当時の一般大衆の世論の反映であろうか。しかし、国民投票によって天変を決めるわけではなく、民衆は暴動以外に不満の表現方法を持たない。そこでこんな陰険な知能犯的手段をとったのは、天変を上

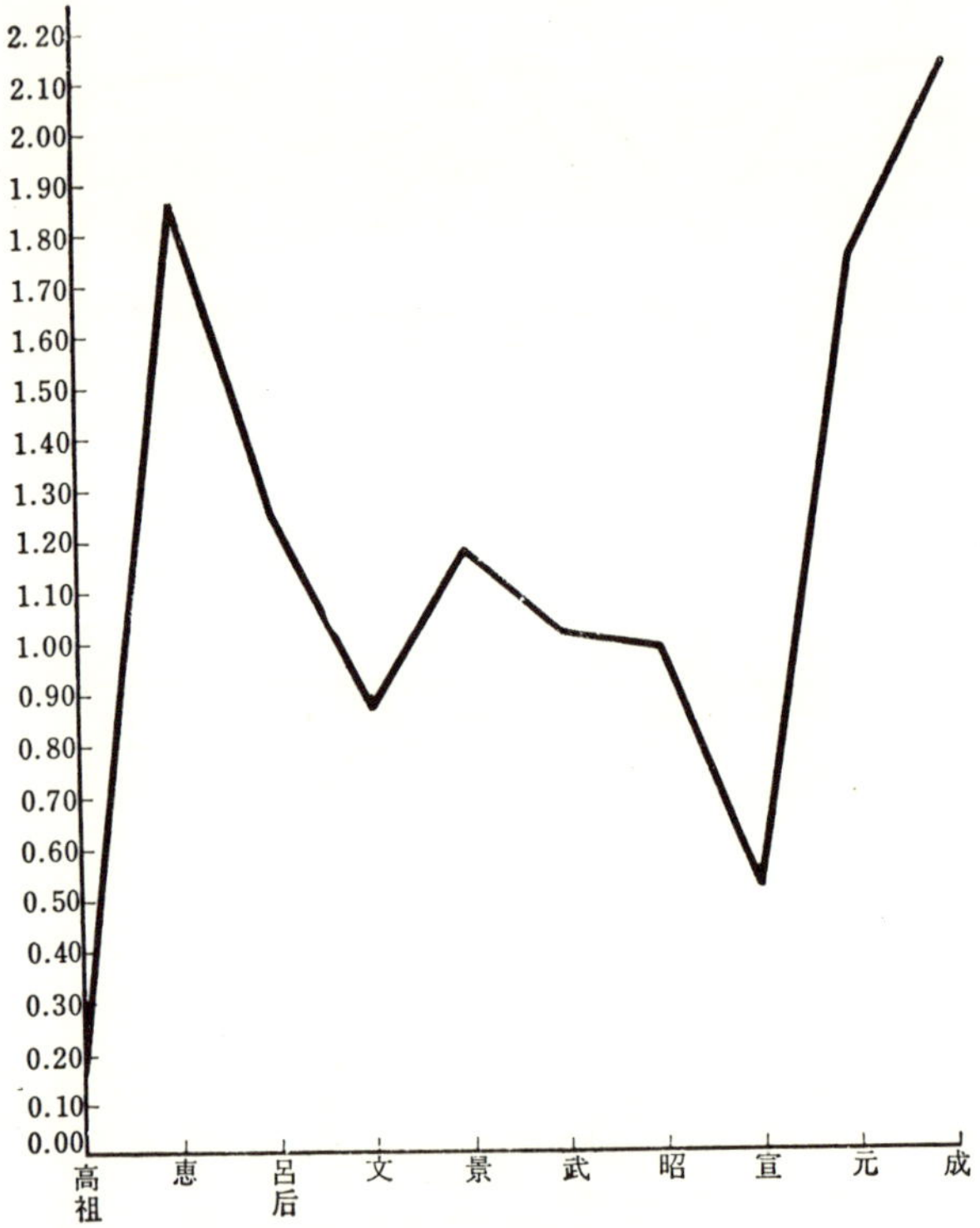

日食以外の天変記録数（１年平均）
第３図

奏する占星術師たちだということになる。この間接的批判がどれほど意識的意図的なものであったかはともかくとして、悪政の下に占星術師たちの抱いた危機意識が、彼らをして天変に対してきわめて敏感にならしめた、つまりこんな非常時には必らず天が警告を発するはずだという先入感をもって仕事に当ったことは想像にかたくない。

また、当時の占星術書には、「金星と水星がともに斗宿にくると、大臣はクーデターを起こし天子を誅する」というようなことが書かれている。ひねくれた見方をすれば、これなどは宮廷内の陰謀にいくらでも使える。「天変」の上奏報告は、占星術師の胸三寸にあるのだから、あの大臣はいやな奴だと思えば、こっそり大臣に不利な「天変」をでっち上げて上奏し、あとは天のお告げだ、自分には関係ない、と涼しい顔をしていればよい。法律を拡張解釈したり、なんとか罪にひっかけて拘引したりするのより、容易なことであったろう。こうして宮廷占星術師には「君側の奸」として、権力をふるう場が与えられていたのである。

日本でも、王朝時代には、宮廷の世襲占星家である安倍家は、天変の地上への影響を予言して、しばしば宮廷内にセンセーションを起こした。『平家物語』によると、一一七九年の大地震の時、陰陽頭であった安倍泰親は、宮廷に急ぎ参上し、天文道の示すところによると、このたびの地震は異常な様相を示しているから、やがて一大事があらわれるにちがいない、と警告した。若い殿上人には、そんな馬鹿なと笑うものもあったが、並みいる公卿どもはふるえ上り、天皇自身も青くなった、と伝えている。このように、占星術師は宮廷内で、こわもてしたのである。

天変占星術は一国の最高機密である

専制君主にとっては、占星術はまつりごとを行なう上での「虎の巻」である。政治の手のうちを他人に読みとられては大変なことになる。ヒットラーの占星術による電撃作戦も、敵方に知られては意味がなくなる。敵方に知られれば敵は裏をかいてこちらを攻めてくる。だから占星術は国家の最高機密である。そこで専制君主は極力この重要な知識を独占し、外に漏洩しないように努める。

バビロニアでは特別に重要な秘密は、大神官以外は見ることを許されなかった。また神官、占星術師、それにこれらの占星術的データを記録する書記までも、世襲制で、子供の時から、知識をつめこまれ、他に洩れないようにして伝承されていった。

中国では史官（歴史家＝占星術師）は必らずしも世襲ではなかったようであるが、天変占星術に関する書籍は門外不出で、みだりに私用に供すると、厳罰に処せられた。また君主へ上奏する報告書は、密封して提出することを常とした。こうして天変占星術の「秘伝性」は保たれたのである。日本の王朝期にも、この中国流の機密保持の方法が行なわれた。

中国占星術はバビロニアからきたものではない

天変占星術の「経験主義」的方法、応用範囲は君主の関心事、天下国家のことに限るという「公共性、政治性」、その伝承方式の「秘伝性」、これらはみなバビロニアと中国に共通したものである。だからその内容も非常に似たものになってくる。

このことからして、古代、おそらく紀元前四、五世紀のころ、占星術がバビロニアから中国へ伝わったのではないか、という考え方が起こる。占星術だけでなく、その他いろいろの面でバビロニアと中国の類似点を指摘できる。古代オリエントの宇宙的世界観が、バビロニアから周辺に拡がったという仮説を持つバビロニア中心主義者にはこの説はとくに支持され、今なお影響を持ちつづけている。

日本でも、戦前、中国天文学はすべてバビロニア（あるいはギリシア）からきたものであるとする飯島忠夫説と、西洋の影響とは独自に発展したとする新城新蔵説の間に、有名な論争があった。その気になってバビロニアと中国との間に似たデータを集め、その集まった資料をもとにすれば、当然中国天文学のバビロニア起源説が成立する。が一方、その反証になるものを集めれば、またいくらでもそれは集まる。バビロニアから中国へどのようにして伝わってきたか、その経路に当たる所の資料があきらかにされないのだから、この論争はなかなか決定的な結論に到達しない。

現在、バビロニア天文学の権威とされるオットー・ノイゲバウアーは、「汎バビロニア主義」的考え方に非常に批判的である。氏の話によれば、このような東西交渉史を論じる場合に、いちばんはっきりした決め手になるのは、両文化の中の天文学で使われる用数や計算方法をくらべることである。ところがバビロニアと中国とでは同じものはひとつもないから、中国天文学のバビロニア起源説はナンセンスだ、という。

占星術の場合も、たしかにその方法は酷似する。ただ、その内容を注意してみると、バビロニア人の用いた星座は中国に出てこないし、また逆に中国人の用いた恒星がバビロニアやギリシアに使われていない。つまり星の名付け方、星座の作り方は、中国人が独自にやっている。

日食が恐怖を起こすというようなことは、まとまった占星術を持つ以前の原始人にも、自然発生的に起こりうる。それが一段進歩して、星図を作り、その星図の上での惑星の離合集散を論じる、というまとまった形の占星術も、星辰信仰からの自然なあるいは論理的な発展の方向であって、東西を通じて普遍性を持つものであるかもしれない。ところが、恒星の集団を命名して星座を作る段階では、完全に人工的な作為であり、星々を組み合わせたり整理したりするには各自各様のやり方があり、普遍的な一定した方向、共通点というものはありえない。洋の東西を通じて子供は生まれる。その子の名付け方は親たちの勝手で、アメリカではジョン、日本では太郎になる。もしこの作為の段階で、バビロニアと中国の星座の作り方や名付け方が同じなら、これは一方から一方へ影響した、ということの決定的な証拠になる。

適切な例ではないかも知れないが、小麦は西洋にも中国にもでき、ともに食用にしている。しかし中国で小麦からシューマイの皮を作ったからといって、西洋でもシューマイを作るとは限らない。これは作為の段階である。西洋にもシューマイがあれば、これは中国からの影響かまたはその逆の影響と論じられるが、西洋にはシューマイがないから料理文化的影響はなかったと論じられる。日本にはシューマイがあるから、これは中国からの影響だと論じられる。

同じようなわけで、作為の段階でバビロニアと中国の天文学、占星術はまったくちがっているのだから、文化的影響はなかった、と論じることができる。すなわち、同じような社会的条件、社会的要望の中から、同じような型の占星術があらわれてくるのであって、その目的とするところや方法は偶然似ていても、その間に交流があったと考えるにはおよばないのである。

3　天変占星術の展開

経験的方向とドグマ的方向

このようにして、バビロニアと中国に自然発生的に成立した経験主義的な天変占星術は、知識が組織化されるにつれて、二つの方向へ発展してゆく。一つは経験的発展で科学、天文学の方向、一つはドグマ的発展で自然哲学的解釈の方向である。

占星術者たちが、なんの理論的偏見も持たず、いつかは法則を発見できるだろうという莫然とした希望くらいを持ってせっせと天変と地異の記録をしているあいだは、これらの記録は客観的な基礎を持ち、したがって現在の科学的研究に対しても貴重な遺産を提供する。天変の記録は、天文誌・気象史の資料になるし、地上の事件の方は、王朝史、軍事史、災害史の基本的データとなる。古代人にとっては天上に起こった異常現象であったものが、長年資料を累積してゆくと、その間に規則性が見出だせるものがある。四季の変化や月の満ち欠けの周期的現象は、占星術が成立する前に古代人はすでに気づいていたから、初めから天変でもなんでもなかったが、日月食などはやがて周期的なものであることがわかってくるようになり、さらに近代天文学のもとで彗星の回帰性や、流星雨の周期性もわかってくる。日月食のような天文現象は、洋の東西を通じて、バビロニアにも中国にも同じようにあらわれるから、普遍的な性格を持つ。初期の経験主義的な占星術なら、ただ記録だけだからなんの理論もいらないが、科学的な様相を示しはじめると、多少の天文学の内容を読者に紹介することが、その理解に必要になる。

学問の形を整えるともはや自然発生的とはいえず、占星家の作為が大きくはたらくが、それもむやみやたらとこしらえるわけにはゆかない。相手は人間の作為から独立した自然だからである。そしてバビロニアからの流れも中国も、普遍的な自然科学の論理にしたがって発展することになる。

ところが、天変と地上の事件とを結びつける解釈となると、今日の科学でも容易に解明できることではない。むしろたいていの場合天変と地異の間に関係がない、といっておいた方が無難である。ところが、占星術師に要求されるものは、君主の関心事、つまり天変の人間社会への影響という実際的用途である。だから、無理してでも、その間を関係づけ、解釈を附さねばならない。

その解釈には占星術師の哲学思想、宇宙観、世界観、つまりドグマが影響する。いや影響どころでなく、それが決定する。これはなにも自然の法則にしたがう必要はない、自由に空想思弁の翼を拡げられる。完全に主観的作為である。

この主観的作為にはバビロニアと中国との間で共通なものがある必然性はない。言葉がちがうのと同じく、思想、世界観はさまざまな形を持つ。一致する方が不思議なくらいだ。むしろ占星術師の属する地域社会の論理の方が自然界の論理より強くはたらく。かさが太陽にかかると、天子が病気になる、というような単純な類推ならともかく、もっと凝ったものになると、この解釈をめぐって、西方ではギリシア思想の影響により、四元説が強く入りこんでゆくに対し、中国では伝統的な陰陽五行説にもとづいて解釈をすすめてゆく。そこで占星術の展開を述べながら、多少の哲学思想、宇宙観も紹介していかねばならない。

占星術の発展を整理して論じてゆく必要上、私は便宜的に経験的とドグマ的に分けた発展の型を作った。しかし現実の歴史は、かならずしもこの型にうまくはまってくれるとは限らない。それに、天文学も宇宙観も、初期の天変占星術から生まれたものというのは、歴史上あきらかに誤りである。占星術の成立以前にも、それとは無関係にある程度天文や暦の知識は形をなしてきたし、宇宙観や哲学思想は別個に存在していたのである。ただ、それらが占星術に影響をあたえ、また逆に影響を与えられる過程を論じてゆくのが、これからのテーマである。

占星術の顧客と用途

以上述べたのは、占星術の方法上の発展のことであるが、他にも、占星術の応用面やそれを使用する人、つまり、占星術の「お得意さん」にも時代とともに変化が認められる。

占星術の応用範囲は、時の政治情勢、社会的要請によって変ってくる。専制君主のための帝王学も専制主義の時代が過ぎれば、他の形に変ってゆく。戦乱の時代にあっては、一軍の指揮官や参謀に作戦のために使われ、兵学の一部になり、またビジネス興隆期には、商品の買付けの予想や景気観測、投機に使われて経済学・商学の一部になる。

また、「お得意さん」の方も、人類解放の歴史にそって、専制君主から、貴族階級、士太夫官僚から、近代的ブルジョアジー、さらに労働者階級へと、だんだん庶民化の傾向を辿る。

あなたの星、わたしの星というように、各自めいめい自分の生まれた星を持つようになると、天変占星術とは大分わけがちがってくるので、個人のための占星術として次章にゆずることにするが、これらの占星術のおかれた環境、社会状勢の変化についても占星術の方法・内容の変化と関連させながら述べてゆく。

4 経験主義的発展

天体運行の規則性はまず暦から

天体の運行に法則性を見つけるには、ある程度時間がかかる。月の満ち欠けが二十九日か三十日の周期で起こることは、早くから古代人にも知られていた。四季のうつりかわり、つまり一年の長さを決めるには、棒を立てて、その影のいちばん短かくなった時、つまり夏至の正午から次の夏至の正午までの日数をかぞえればよい。一月や一年の観測では正確な値をえられないが、何十年、何百年とへだたった間の日数を、その間に起こった月の満ち欠けや四季の変化の回数で割れば、何十倍、何百倍と正確な値が求まる。

このようにして、暦ができてゆく。四季の変化の知識は農耕民族には必要不可欠であり、月の満ち欠けは、夜中にも移動する遊牧民には重要である。だから、実際的な必要から、暦を作る学問ができてきた、という説がある。たしかに、その発生においてはそうであったであろう。しかし、満月の日付が一日くらいずれたところで、夜歩きの足元を照らす明りにあまりちがいはないし、五日や十日種蒔きの日がずれても、収穫には大した影響はない。それよりも、その年の気象状況の方が重要である。天文学史の上では自然暦時代というのがあって、カレンダーができる前に、人びとは雪が降れば冬を感じ、暖かくなれば種を蒔き、作物が稔れば穫り入れ、また雪が降りだすと、ああ一年たったのだなと思うし、ごく自然な生活を送っていた時代があった。今の農夫にしてもカレンダーなしでもやってゆける。経験からくるおよその知識があれば十分なのであって、実際生活にはそんなに厳密な暦を必要としない。

むしろ正確な暦を必要とするのは、文明が少々ひらけて、支配階級が宗教的・政治的儀式に暦を使いだしてからである。つまり、作為の文化が必要とするのである。廷臣を宮廷に集めて、月見の宴を催す時、満月のつもりで待っていたら、上ってきた月は欠けていた、ということになっては、妙なことになる。ひいては天子の権威にもかかわる。中国や日本で、「観象授時」、つまり天体現象を観測して民に時を授ける、というのが宮廷天文学者の指導理念であったが、それは支配階級の独りよがりで、実は素人には作れない複雑な暦を人民に押しつけて、君主の権威を示すとともに、民衆統制の手段の一助としていたのである。

さて、自然暦状態を脱して、暦を作るという行為は、一種の予報である。今年は一年三六五日だから、来年もそうだろう、というのも簡単な予報である。天上の太陽や月の運行が、地上の四季の変化や夜の照明に関係するのだから、これも天変占星術と同じ方法だといえよう。しかし、四季や月の位相の変化は、あまり日常茶飯事に過ぎて、「天変」という印象は与えないだろう。まして、その規則性が早くわかってしまえば、しごくあたりまえのことになってしまう。

日月食も予報できるようになる

「天変」として印象の強いのは、やはりなんといっても日月食であろう。天変占星術の組織的な記録が始まる時から、この記録は豊富に出る。プトレマイオスの『アルマゲスト』に記されたバビロニアの記録は紀元前七二一年、『左伝』に残る中国の記録は紀元前七二〇年から始まっている。

惑星同志が接近したり、月の後にかくれたりする現象も、日月食ほど印象的ではないが、占星術的意義を持つようになって、そのために組織的に観測されだした。観測データがたまってくると、それを整理して、何かその間に規則性を見つけ出そうとする。「天変」が予報できるようになれば、大したことだからである。今日でも、地震予知問題は科学の問題としてだけではなく、政治的・社会的に重大問題である。いくつかの地震周期説が出ては消えたが、当時の占星術師も、今日の地震学者に劣らず、予報に真剣であったであろう。

惑星の運行は毎晩見える現象だから、わりあい早くその運行の規則性がみつけられたが、日月食は突発事件で、連続的に観測できないから、規則性の発見も容易でない。それでも長年にわたって日月食の記録が集まると、そこからなんらかの規則性がわかってくる。まず日食は新月の時に月食は満月の時に起こることを知る。太陽と月の運行を別べつにしらべて、両者が地上の観測者から見て、同方向にくれば新月、正反対にくれば満月とする。しかし、満月新月の時にいつも日月食が起こるのではないことは、経験からして明らかである。それは月の動く白道と太陽の動く黄道とが第4図のように五度ほど傾いているからで、この二道の交点の所に月と太陽がこなければ食にならない。月の満ち欠けが二二三回ある間に月は黄道とほぼ二四二回交わる。これをサロス周期といい、バビロニア人が紀元前六世紀くらいに発見したもので、この期間の初めに食があったとすれば、一サロス周期を経た後にも同じような食があらわれることになる。つまりこの周期（六五八五・三日）で日月食の起こり方の型がくりかえされる。

これで月食の計算はできるようになるが、日食になるともっと複雑になる。

それは、第5図のように、月食の場合は地球上のどこからも同じように見られるが、日食の時は、観測する土地によってちがう。これは月が

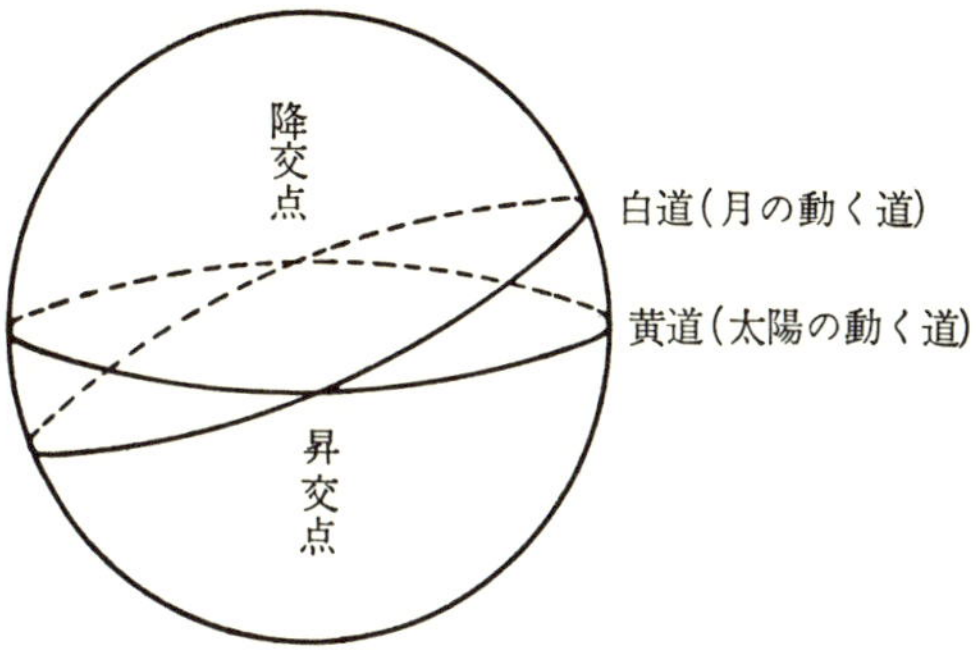

第4図

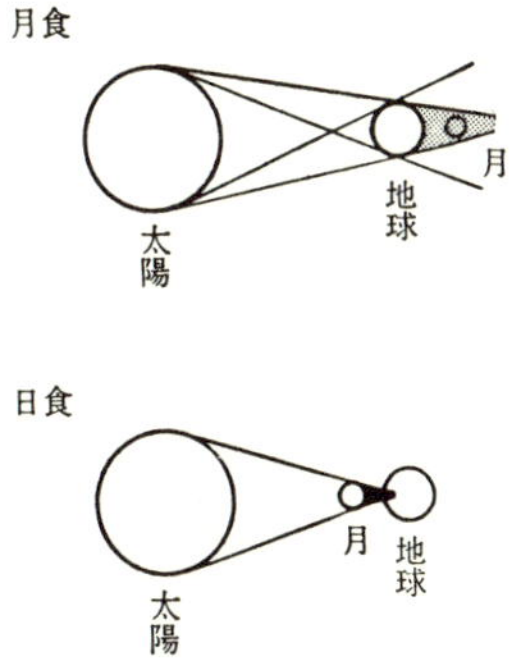

第5図

地球からわりあい近い（月の視差のためという）からで、それには月の距離（視差）を算定しないと、十分計算できない。

バビニロア人は月の視差のことは考慮に入れず、月食と同じやり方で日食を計算した。中国でも月食の規則性はわりあいわかりやすかったが、日食が周期的に起こることを知るには時間がかかった。『史記天官書』では、月食は周期的に起こるが、日食は予測できるものではない、としている。日食の計算をするようになったのは、キリスト紀元に入った後漢時代のことである。

天変占星術は科学的天文学に侵略される

このようにして述べてゆくと、まったく天文学史である。では、占星術史は天文学史と同じなのだろうか、いや、そうではない。ここで、占星術史と天文学史のちがいを述べておかねばならない。

天変占星術は、天上における異常現象を扱うものである。一方、天文学は、天上の現象の中に、規則性を探し求める学問である。占星術と天文学は、まったく逆方向に向かって背中合わせに立っている。日月食や惑星現象は天上の変事、一大事だと思ったからこそ、占星術師の注意をひき、記録されたのであった。「天変」の摩訶不思議性が関心をもたれたのであった。ところが、それが規則的に起こるものだとわかった瞬間、玄妙な摩訶不思議性はたちどころに消え失せて、しごくありきたりのつまらない現象になり、占星術的意義はなくなってしまう。そのかわり、しごく散文的な科学、天文学の手にわたってしまう。つまり、ここで占星術から天文学へのバトンタッチが行なわれるはずなのである。

たしかにながい目で見れば、歴史は科学に加勢する。科学的天文学は天変占星術の領土を少しずつ侵蝕してゆき、ついに現在ではまったく天変占星術の占める余地がなくなってしまった。しかし、歴史的事実はそれほど簡単にはこばない。異常現象と思われていたものに認められた「周期性」が、いかに「天変」の恐怖から人類を解放していったかを、もう少し立入って見てゆこう。

バビロニアからギリシアへ

西洋には「カルデアの智慧」という言葉がある。カルデア人は聖書にも、ヘロドトスの『歴史』やストラボンの『地理志』その他のギリシアやローマの著述にも、知識を西方に伝えた東方の賢人として登場する。

カルデア人は、最後のバビロニア帝国を建て、バビロニア文明の最盛期を作ったセム族の一種である。バビロニアの占星術としてこれまで述べてきたのは、実はカルデア人の占星術であり、彼らは紀元前七四七年から三六〇年間にわたる長期観測記録を残し、当時最高の知識階級を生み、占星術の本家本元とされている。ギリシア人やローマ人の著述にはエジプトから占星術を学んだ、と書かれているものがあるので、エジプトが占星術の本家と考えられてきたが、最近の研究では、これはギリシア人がカルデアとエジプトとを混同したもので、エジプトには占星術としてまとまったものはなかったとされている。

彼らの作った帝国は、紀元前五三八年にペルシアに滅ぼされたが、文化史上それよりもはるかに重大なのは、紀元前三三一年のアレクサンダー大王によるバビロニア征服である。ここで実にギリシア的なものとオリエント的なものとが融合する機会をうるのである。その前にもギリシア人はバビロニアの占星術をペルシアとの接触を通して知っていたであろうが、本当にそれがギリシア人の間に根をおろすのはこの頃からである。バビロニアの占星術はこうしてギリシア・ローマ文化に侵入し、さらに今やギリシア・ローマの影響下に入ったエジプトにも入ってゆく。

ここで、バビロニア占星術は、ギリシアの科学思想に触れる。ただ天体の運行を観測し、その動きを数値的にあらわすというバビロニアの経験主義的天文学が、ギリシアの宇宙論、幾何学的方法をもった理論的傾向と合体する。経験主義から出発した天変占星術にギリシア、エジプトなどの抽象的ドグマが加わる。伝承的科学として、無名の占星術師たちの専制君主に対する奉仕の上に成り立ったバビロニア科学が、ギリシアの個人主義的で、公開論争の中から生まれてくる気風にさらされる。草莽の微臣占星術師某々の君主に捧げたてまつるという献辞から始まるバビロニアの占星報告が、彼の説はこうだが俺の説はもっとすぐれているんだというギリシア人の自己主張に変わる。そしてあのうまざる経験的天変資料の集積も、ここに跡を絶ってしまう。

さて、占星術師兼天文学者のバビロニアの伝統はどうなったか。彼らは専制君主というスポンサーを失なって、西の方へ流れていったらしい。そして、ヘレニズム領域の全体にひろがり、街々で占星術を教えるのをなりわいとしたのであろう。ギリシアでもエジプトでもカルデア人から教わるまではまとまった占星術を持っていなかったので、占星術は新知識として歓迎された。今日、欧米に見られる占星術師は主にジプシーで占められているが、彼らはカルデア人の後裔である、と自称している。

ヘレニズム時代には、バビロニアの東洋的専制主義と多少ことなり、占星術師をやとう富を持った個人が発生し、またその富にもとづく個人主義の成長のために、天下国家だけでなく各個人の運命に関心が払われるようになった。それに、天文学もギリシア思想との融合で一段と進歩して、惑星の運行も十分計算できるようになる。こうなると、もはや「天変」ではなくなるが、かえってギリシアの運命思想その他の教説と結びつき、個人の誕生時の星の工合でその人の生涯を占う運勢占星術、宿命占星術となるが、これは天変占星術と方法も目的もかなりちがうものなので、次の章で述べることにする。

ギリシアでは、惑星への関心はプラトンの頃まではほとんどなかった。占星術的意味がなければ、惑星は注意を惹かないし、たとえ注意されても記録したり論じたりするに値しなかったからであろう。それが、バビロニアとの接触により、彼らの提供した観測データにギリシアの幾何学的宇宙論を加えることによって、ヘレニズム時代には宿命占星術の基礎になるすばらしい惑星理論が完成された。だから、惑星は天変である資格をほとんど失なった。

日月食の占星術的意義

しかし、日月食になると、そう簡単にはゆかない。ふつうの哲学史の本をひもとくと、まずターレスが登場して、日食を予言した、と書いてある。これは後にヘロドトスが書いたことを根拠としているが、天文学史上では当時ギリシアで日食を計算して予報できたとはちょっと考えられないことである。多分、ターレス先生のあてずっぽうか、あるいは、占いでもしてほらを吹いたのが、偶然当ったのであろう。それでも、日食が起こったのは事実であろうから、その記録から今日の天文学によって日付を紀元前五八五年と決めている。

ギリシアのインテリたちは、議論が大好きだった。そして、自然現象について、科学的に論じるセンスが非常に発達していた。彼らは、日月食の予報はできなかったが、その原因については論じあって、日食は月が太陽をかくし、月食は月が丸い地球の影に入るから起こる、という正しい説明に到達した。バビロニアや中国でも、日月食の予報をするからには、専門の天文学者はこのことに気がついていそうなものなのだが、彼らは大地が球形であるという説を持っていなかったので、誰も月食の正しい理論を提出したものがない。玄人の天文学者は、観測や計算にばかりうき身をやつして、その原因を考えるということは自分の職掌外で、つまらないことだと思っていたらしい。

プラトンになると、その著『ティマエオス』で「日食は計算のできない人間には恐怖を起こし、きたるべき大事件の前兆だと考えられているが、これは宇宙の幾何学的モデルを考えるとすぐに説明できる」、というようなことをいっている。しかし、バビロニアの日食計算の方法では、視差のことを考えないから、予報は十中一、二当たれば良い方である。だから、彼らは予報しておいた日食が当たらなかった時は、良い前兆だとして報告した。こういうことはローマにも中国、日本にもあったことで、予報がむずかしいものだから、日食の規則性の認識は確立されず、その「天変占星術」的意義が完全には消えなかったのである。

ローマの著述家プリニウスは、偉大なる天文学の天才があらわれて、日月食の迷信的恐怖から解放したことに感謝しているが、その同じ筆者が、日食は女が祈禱と薬草でこしらえ上げたものだと一般に信じられている、と報告しているところを見ると、そうやすやすと、日食の「天変」的意義がなくなったわけではない。ただ、ローマ時代には占星術批判の声が一部識者から上がり、かのプルタークも「戦争に行く時に月食でびっくりして、進軍を止めた兵士たちの行動は実にばかげている。月食は地球の影に月が入る周期的現象で、吉凶に関係はない。むしろ迷信の影が心を暗くする方が凶事だ」と批判している。ただ、ギリシア・ローマの著述家の中に占星術批判の声が上がったからといって、これをもってそれだけ科学が進歩し、迷信が後退した、と簡単にいうことはできない。むしろ、占星術が君主の関心事にとどまった昔とちがって、識者の間で公開の批判が起きるほど、占星術の影響が一般社会にひろまった、と見るべきであろう。

中国では天変占星術が末長く継承された

バビロニア占星術は、異質の文化に触れ、その政治的、社会的基盤もくつがえされて、すっかり変質してしまうが、中国の方は「天変占星術」の伝統が連綿としてつづき、近世にいたっている。中国では、異民族が天下を取ることはあっても、文化的な意味では一度も征服されることはなく、征服異民族は中国文化を模倣継承するだけで、政治的・社会的基盤にも急激な変革はなく、王朝が変っても、同じ型の文化を維持しつづけた。その間に、占星術も歴代王朝の保護の下に中国官僚制度の中に根づき、内容的には、初期の天変占星術的意義は弱くなっても、制度として宮廷儀式として、慣習として、生命を保ちつづけた。そして、世界史上類例のない驚くべき長期にわたる連続的で豊富な観測記録を残している。

このうまざる人間活動をささえるイデオロギーは何であったか。中国に古来から伝わる「天」の思想である。中国の「天」は、西洋の「神」とほぼ同じ役割をする。西洋ではバビロニアの神、ギリシアの神、キリスト教の神、イスラム教の神、それぞれちがった性格の神が時代を支配する。なかにはキリスト教の神のように占星術の大嫌いな神様もいた。

ところが中国の「天」の観念はほとんど超時代的である。天は今日の天文学の対象である物質的な天の意味だけでなく、まず第一に敬の対称である。西郷隆盛が「敬天愛人」といったあの天である。天は絶対である。天子とは天の子であり、父なる天の命を受けて天の意志を代行するにすぎない。だから天が天子の不身持や暴政を怒れば、天子はくびになる。これが中国の革命思想である。だから、天子はいつ何時天命や天誅が下りはしないかとびくびくしている。天に異常があれば、それは天子の失政に対して下した天の警告と解釈される。それで占星術師を大勢やとって、天の意志をいちはやくキャッチさせるのに努めた。

「天子に徳のない時は、まつりごとを正しく行なっていないことを知らせるために、天地に非難の兆が起こり、天変怪異があらわれる。朕はまだ政治をつかさどる経験が浅くて、振舞に正しくない所があったので、日食や地震が起こった（紀元前二九年一月五日）。そこで朕は大いに消耗した」という詔が出たことを、『前漢書』は伝えている。中国式の天変占星術を直輸入した日本の王朝期にも、紀元後七二一年女帝元正は太陽のかさを見て「風雲ただならぬ気配で、心配で夜も昼も心が安まらない。古記録を調べてみると、君主の政治がよくない時は、天地が警告の兆を示す、としてある」といって、いったいどうしたら良いか、遠慮せず私を批判して下さい、と廷臣たちに要望している。また、『愚管抄』によると、土御門天皇は彗星があらわれたため、自らの失政のせいだと思って退位している。

今年の十大ニュースという記事が年末の新聞をにぎわすが、よほどの天文マニアでないかぎり、日食を十大ニュースの一つに数える者はいない。起こるべくして起き、その予報も確実だから、何もとりたてて騒ぐほどのニュース・ヴァリューはないからだ。ところが中国の歴史の上では日食はトップ・ニュースで、代々の王朝史の『帝紀』をにぎわしている。これを記録する「史官」や、司馬遷のような「太史令」という職は、歴史家であると同時に占星術師の職も兼ねる。つまり天変を記録することは、歴史家の重要な役目だったのである。

『史記天官書』では月食の計算法を述べ、「故に月食は常なり」としているが、日食の予測は歯が立たなかったようで、「日食はよからずとなす」、つまり、不測の事件だから、天の下した警告、「天変」と解釈している。

『史記天官書』には天変解釈の理論のみを記しているが、次の『前漢書天文志』になると、個々のケースを年代順に並べ、地上の人間社会のできごとといちいち関連をつけている。このスタイルは後々まで歴代王朝史の『天文志』に引きつがれるが、その解釈はだんだん少なくなり、欧陽修編の『唐書』になると、ただ天変の記録だけにとどめ、解釈はまったくかげを見せていない。この傾向を、科学的精神、実証的・批判的精神のあらわれとも理解できるが、後世になると天変の解釈は古典をひもといてそれに従えばよいので、新解釈をする必要はなかったのだ、ともとれる。

日食を予報できてもまだ占星術的意義を失なわない

キリスト紀元前の中国では、日食を計算した証拠はないが、後漢に入って紀元後二六年二月十六日の日食は、どうも計算されたものらしい。近代天文学の計算によって、この日食をチェックしてみると、これはアラスカ、西部アメリカ、東太平洋だけで起こって、アジアでは起こらなかったはずである。だから、粗雑な計算で出した日食予報を、そのまま日食とし記録したものであろう。このようなことは、後の中国や日本の日食記録にもざらにあることである。夜にしか起こらなかったはずの日食を記録することも多いし、ただ「食」と書いてあるだけでは、計算したものやら、実際に見えたものやら、判別がつかない。

しかし、日食が計算して予報できるようになったからといって、その天変的意義が直ちに消滅したわけではない。日食は、その計算の基礎となる暦の良否をチェックする最良の基準として、天文学者たちによく使われたが、予報の正確度はあまりあてになるものではなかった。それに日食にまつわる宮廷儀式はすでに制度化されて根づいていた。

中国の唐朝でも、それをまねた日本の王朝期でも、日食が予報された日には、朝廷は帳を垂れて、官庁業務は休業となり、君主は引きこもって謹慎し、一生懸命災厄を免れようとした。日食の気に身をさらすと、不可思議な輻射にあてられると思われていたらしい。そして僧侶や陰陽師が招じ入れられ、お経を読んだりまじないをして、厄払いにつとめた。

「天変占星術」は、西洋でヘレニズム以後に行なわれた宿命占星術とことなり、天と地の間の、あるいは天と人間の間の因果関係に立脚したものではない。「天変」はあくまで前兆であり、予報であるのだ。だからなんらかの手段を講じて、きたるべき災厄から免れよう、という抜け道が講じてある。その防止手段が、天子の謹慎であり、読経、まじないその他の厄払い儀式である。

また、天体の運行は必然的な法則にしたがうものだ、という認識もしっかりしていない。ある種の天体は、まあだいたい規則正しく動くが、時にはそのコースからはずれることがあってもおかしくはない、と心えている。徳川時代のわりあい近代的感覚をもっていた学者荻生徂徠でさえ、天は活物だから、ちっぽけな人間がその運行を予測するのは、おこがましいことだと考えていた。

だから、予報が当らず、日食が起きなかった時は、君主のまわりのとりまき連が、「これは帝徳の、御稜威のしからしむるところ」とお追従を申したてて、君主の徳をたたえた。またほっとした君主の方も、「お前たち坊主どもが一生懸命祈ってくれたので、日食が起こらなかったのだ」として褒美をつかわしたこともある。こんな君主を持った天文学者は楽なものである。しかし、学者仲間の批判はきびしく、ことあらば宮廷附き天文台長の職から落としてやろうという競争者は、何かにつけて、批判文を上奏して失脚させる機会をうかがっていた。

職掌がら当然の義務とはいえ、日食を正しく予言した場合は、天文学者に賞を賜わることがあった。しかし、もし予言していない時に日食が起こったら、それこそ大変、何も準備しなかったところに災厄が起こったのだから、「高禄を食ましてやっているのに、何をさぼっているんだ」と君主の怒るのは当然、天文学者は責任を問われて、くびになるか、時には命を落とすことさえあった。だから、官僚天文学者は、保身の術に汲々、できるだけ多めに日食を予報しておいた方が無難なので、日本の古記録を見ても、実際に見うる日食のみを上奏する規定があるにもかかわらず、夜中に起こるものでもよいから地球上で起こりうべき日食を片端から上奏し、記録した形跡がある。

このような状態だから、日食が周期的現象だということがわかっても、反占星術思想がしっかり根づくまでは、相変らず人びとに恐怖をもたらしたにちがいない。『源平盛衰記』によると、一一八三年、源平水島の戦に源氏の軍勢は日食によって天が急に暗くなったのでおどろいて逃げ出した、と書いてある。作者は「源氏の軍兵共日食とは知らず」と評しているが、たとえ日食であると知っていても、おそれたにちがいない。

彗星も周期的現象である。もっともその周期性が発見されたのは、ニュートン力学ができて、その成果の上に立ってハレーが一七〇五年に計算して予測したもので、これは中国・日本の昔では当然知られていなかった。彗星もその奇怪な形状とその神出鬼没ぶりからして、日食と同じくいちじるしい「天変」とみなされた。ただ、反占星術思想の初めて日本にあらわれた徳川初期に、すでに井口常範が『天文図解』(一六八九)で、「昔は日食は天変と考えられたが、今では自然必然のコースにしたがうありきたりの現象と考えられるようになった。彗星なども同じように扱えるはずであるが、将来の研究に待つ」といっているのは、ハレーによる彗星の回帰性の予測以前のことであるだけに、注目すべき見解である。

天変占星術の遺産

西洋では連続的な天変観測はバビロニアだけで終り、ヘレニズム以後では占星術に関する議論は多いが、まとまった観測記録を残していない。それに対して中国やその文化的衛星国の朝鮮、日本が連綿と残した観測記録は、動機は中国の天変占星術のそれであるが、ともかく大したものである。古いところでは日月食の古記録がその記録をふくむ文献の年代決定に役立つし、その他にも天文常数の決定に使える。近代天文学では、黄道傾斜など天文学で用いる常数値が、時代とともに少しずつ変りつつある、ということがいわれるが、それを根拠づけるためにわれわれの持っている精密な近代観測は近々三百年のことである。だからこのような長周期のゆっくりした変化を論じるには、どうしても古い観測データを用いねばならなくなる。古いものほど貴重なのである。

彗星も、ハレー彗星の回帰性を求める時などに、中国の古記録が使える。また流星の記録もまとめて流星雨の起こる周期の決定に用いられる。

最近のヒットは、なんといってもかに星雲を昔の新星と同定したことである。戦後電波天文学が発達して、宇宙のところどころから電波が伝わってくることを発見した。そのひとつはかに星雲からくるものである。かに星雲は肉眼では見えないが、十八世紀に望遠鏡で観測して確かめたものである。さらにさかのぼると、そのかに星雲の場所に「客星」が一〇五四年にあらわれたと中国の『宋史』や日本の『明月記』に記録されている。客星とは新星のことである。つまり新星が爆発し、そのあとがかに星雲となってそこからラジオ放送を宇宙に向けて発しているのである。この放送の機構は、宇宙生成論とも関係するので、現在天文学者の間でさかんに議論の対象となっている。

5　ドグマ的発展

天変記録をどしどし集めても、それはお役所の書類の山のようなもので、書類の山が増したから、それだけ学問が進歩した、といえるものではない。建築許可願がたくさん出たから、それだけ建築学が進歩した、ということにはならない。

経験的なデータを整理・組織して理論を組み立てる行為が科学だ、という定義もある。こうしてできた理論を現実に合わせ、そこに喰いちがいが見つかると、さらに問題を掘り下げて考える。そして理論にみちびかれた新しい目をもって現実に向かい新しい事実を発見し、またその新事実によって逆に理論が修正される。このようにして事実の観測・実験と理論とが、あざなわれる縄のようにからみ合いながら進むのが、科学の歴史である。

ところが、天変と地上現象の間の関係の理論化はそううまくはゆかない。なにしろ遠くはなれた天上のできごとと、各自意志をもって勝手な行動をする人間の行動とを、そうやすやすと結びつけられるものではない。それに生身の人間の持つ弱味で、とかく希望的観測や恐怖心による先入感が理論や解釈を作るさいに入りこみやすい。そして天と人事との関連を見きわめることがむずかしいために、事実との対照を十分しないまま理論づけを与え、この理論が事実を離れて独走する傾向になるのである。だから、占星術理論は、さまざまな学問の理論の中でも、最も実り少なく、かつ最も有害な役割をした例である。

中国占星術と陰陽五行説のドグマ

まず、中国の方から論じて見よう。中国には古くから陰陽五行説なるものがあった。男女の性別は神代の昔から種族保存に根本的なものだという認識は存在したが、中国人はさらにこれを抽象化して、宇宙万物の底に横たわる根本原理にまつり上げた。陽と陰が男女だけでなく、天と地、太陽と月、善と悪、強と弱、明と暗、その他もろもろの対極概念と対応づけられる。そしてこの世の中の一切は、対極概念の和合、すなわち陰陽和合して形づくられている、と説明する。陰陽がこのように公式化され始めたのは、戦国時代初期（紀元前四世紀）で、原理として確立したのは前漢（紀元前二—一世紀）であった、という。

五行説の方は、陰陽よりももっと自然の観察から遠い作為的なものである。おそらくその昔は四行説も六行説もあったであろう。殷墟から出た甲骨文（紀元前十四世紀から十一世紀）には九行説の存在もみとめられている。新城新蔵の説によると、紀元前三六〇年頃、惑星の数が五つで、それ以上でも以下でもないという認識に達して、そのためにそれまでいろいろあったX行説のうち、五行説が他をしりぞけて優位になった、という。いずれにせよ、五行説と五惑星との密接な関係は、疑うべくもない。

『史記天官書』

『史記天官書』における天変の解釈は、大部分過去の事件の経験にもとづくものであるが、そこにも陰陽五行説やすぐ後で述べる分野説による理論的、ドグマ的解釈がしのびこんでいる。

「天官書」の名の示すごとく、その内容はまず天上の恒星と地上の宮廷、君主、皇族、藩臣のヒエラルキーとの対応づけで始まる。天子のいる北極を中心として、そのまわりの三星は三公、その後に屈曲して並んでいる四星のうち大きな星は正妃、残り三星は後宮、さらにそのまわりの十二星は藩臣という工合にならんでいる。

恒星の本質というものは、当時は十分に明らかではなかったから、恒星の明るさがしょっちゅう変ったり、消えたりあらわれたりするものと考えられ、これが占星術的意義を持った。たとえば天のある部分は賤人の牢といわれ、その中の星の数が増せば囚人が多くなり、減れば囚人が牢から出る、と解釈された。

恒星をちりばめた天空の間を日月と五惑星だけは動きまわる。ある惑星が恒星に近づけば、その恒星の地上における対応物に影響を起こす。たとえば西宮の咸池という部分に火星が入るとひでりになり、金星が入ると戦争が起こり、水星が入ると水災がある。

占星術が過去の区々たる経験にもとづいている間は、その解釈づけをいろいろせんさくしても始まらない。理論的な要因は何もないからである。ところが、論理的に一応筋の通ったようにみえる理屈が入りこんでくると、かえって経験からますます離れてゆく。

　天上の世界と中国の諸地方との間に地理的対応をつけた分野説というものがある。天のある方向に大流星があらわれた。きっとその下の国に変事があったにちがいない。ところが恒星は北極を中心として時々刻々回転する。だから方位をしっかり定めておかないと、どの地方に星が落ちたかわからない。それではかえって厄介なので、天上に回転している星座を州と対応させた方が便利である。木星はほぼ十二年で一公転する。木星の進路に沿って天を十二次に分けると、木星の位置は毎年一つずつ次を動くことになる。地上も十二州にわけ、天上の次と地上の州とを対応させる。木星は占星的影響が強いものと考えられるから、木星の存在する位置により、その星座（次）に対応する州の吉凶を占うことになる。木星の動きは一応予測できるが、当時の惑星理論では、まだ完全にはできない。だから、その予測よりも早く動けばその州は洪水、おくれればひでりにおそわれる、と解釈をつける。木星のあるところの州国はその加護があるのだから討伐してはならない、むしろそのかわりそこにいる人だけを罰するにとどめるべしとされる。

　二つ以上の惑星が一つの星座にあることも大きな占星的影響をおよぼす。木星が土星と合うときは、内乱、飢饉となる、火星と合うときはひでりとなる、等々。そして五惑星が一堂に会する時は、その下の国、義を以て天下を致す可し、として、天下を取り革命を起こすのである。

　天上の五惑星は地上の五行（五つの元素）と対応し、さらに方向や日付、季節にもわりふられ、次の表のようになる。

惑星	木星	火星	土星	金星	水星
五行	木	火	土	金	水
方位	東	南	中央	西	北
季節	春	夏	季夏	秋	冬
十干（日付）	甲乙	丙丁	戊己	庚辛	壬癸
五徳	義	礼	徳	殺	刑

惑星には、古くから才星、太白等の固有名があるが、今日使っている木星、金星などの呼び名は、明らかに五行説との対応からきている。方位は四方に加えるに中央をもってきてことなきをえたが、季節の方は四季以外に一つあまる。しかたなく夏の終り（季夏）に土を対応させて土用としている。また別のやり方として、この土用を四季それぞれの季節の変り目に四つに分割して配当する方法もある。日付はここでは十干であらわしてあるが、十干十二支で年もあらわすやり方は、『天官書』が出現してからすぐ後、前漢時代に発達し、これが三国時代には運勢判断の中にもくり入れられるのである。

『天官書』では理論化、ドグマ化に向かう芽が見られるが、まだ大部分天変の観測を基礎とした経験的方法にしたがっている。ところが、暦学が進歩し、暦も一般に普及してくると、惑星の位置などは計算して暦の上につけておけばよい。もう天を観測しなくてもよい。それに十干十二支などはもともと天上の現象とは関係はなく、初めから暦に附せられたものである。

さらに、占星的解釈の上でも、惑星の実体をはなれ抽象化されて、その対応する五行にまつわる属性や季節、方位、主徳、その他でもっぱら解釈を行なうことになる。こうなると、天体を観測したりするまだるっこしいことはやめにして、暦の上につけた暦註でまにあわせる簡便法がとられ、机上の空論となる。暦註によって方向や日の吉凶、その他もろもろの日常身辺事を律するようになると、占星術から離れ、まして天文学とはすっかり縁遠くなってしまう。

五惑星より五行の方がより根本的なものとなり、惑星への占星術的関心は影がうすくなる。ひとたび五行が原理にまつり上げられると、見かけの現象は、より根本的な原理から説明されるのであり、逆に原理は現象から影響を受けることはない。だから、いくら天文の観測を重ねても、中国の自然哲学原理、陰陽五行説は改変を受けることなく、絶対的なドグマと化する。

それから先は、理論と観測とがあざなえる縄のように進む科学史の常道からそれて、原理から現象の説明へという一方交通となってしまい、もはや科学に立ち返ることはなく、それからますます離れて、迷信の方向に突っ走ってしまうのである。清朝時代にコペルニクス説が伝わって地球も今一つの惑星であるといわれても、また天王星が発見されて空に見かける惑星の数が一つ増しても、惑星現象は五行という根本原理のただ一つのあらわれにすぎないのだから、儒者の間で五行説を改めようとする真面目な議論はあらわれなかった。

バビロニア占星術とギリシアの科学思想

西洋でも、占星術は同じようなドグマ化、理論づけの方向をたどる。バビロニアでは月がもっとも重要な占星術の材料である。日のかんかん照る日中は、暑くて乾燥した地帯では太陽はあまり有難くない存在だ。むしろ雨を呼ぶ嵐がよい前兆として歓迎される。だから太陽は月ほど人気はない。しかし生物を養育する太陽も月に次いで重要であることが認められる。次には五惑星がきて、さらに恒星にいたる。一方、土地土地に固有な八百万の神々が占星術発達の前から勢力を張っている。天文の知識が進んでくると、神の座を天に据えようとする。そして位の高い順で、月（シン）や太陽（シャマシュ）の神、惑星の神、さらに位はずっと低くなるが恒星にも神様が割り当てられる。天上に位をえた神は、へっついやなんどの神様よりも高尚になる。

こうして星々と神々との対応がつくと、星の動きによる占星術の解釈は、それぞれ対応する神の行動にすりかえられてくる。古いバビロニアでは、惑星は「迷える羊」と呼ばれていた。その行動が気まぐれで、行きつもどりつ、不規則きわまりないからである。火星は戦争や疫病を起こす悪神ネルガルと結びつけられる。土星は勝利の軍神エネルタと関係づけられる、等々。これらの神様がたの振舞いには、われわれには理解しにくい古代人独自の発想法から出たものが多い。中国で惑星は対応する五行（五元素）の属性にすりかえられたように、バビロニアでも神々の不可解な行動によって占星術の解釈がなされる、つまり神々を通じて理論化されるのである。

また、中国の分野説と同じく、東（エラム）、西（アラム）、北（アッシリア）、南（バビロニア）

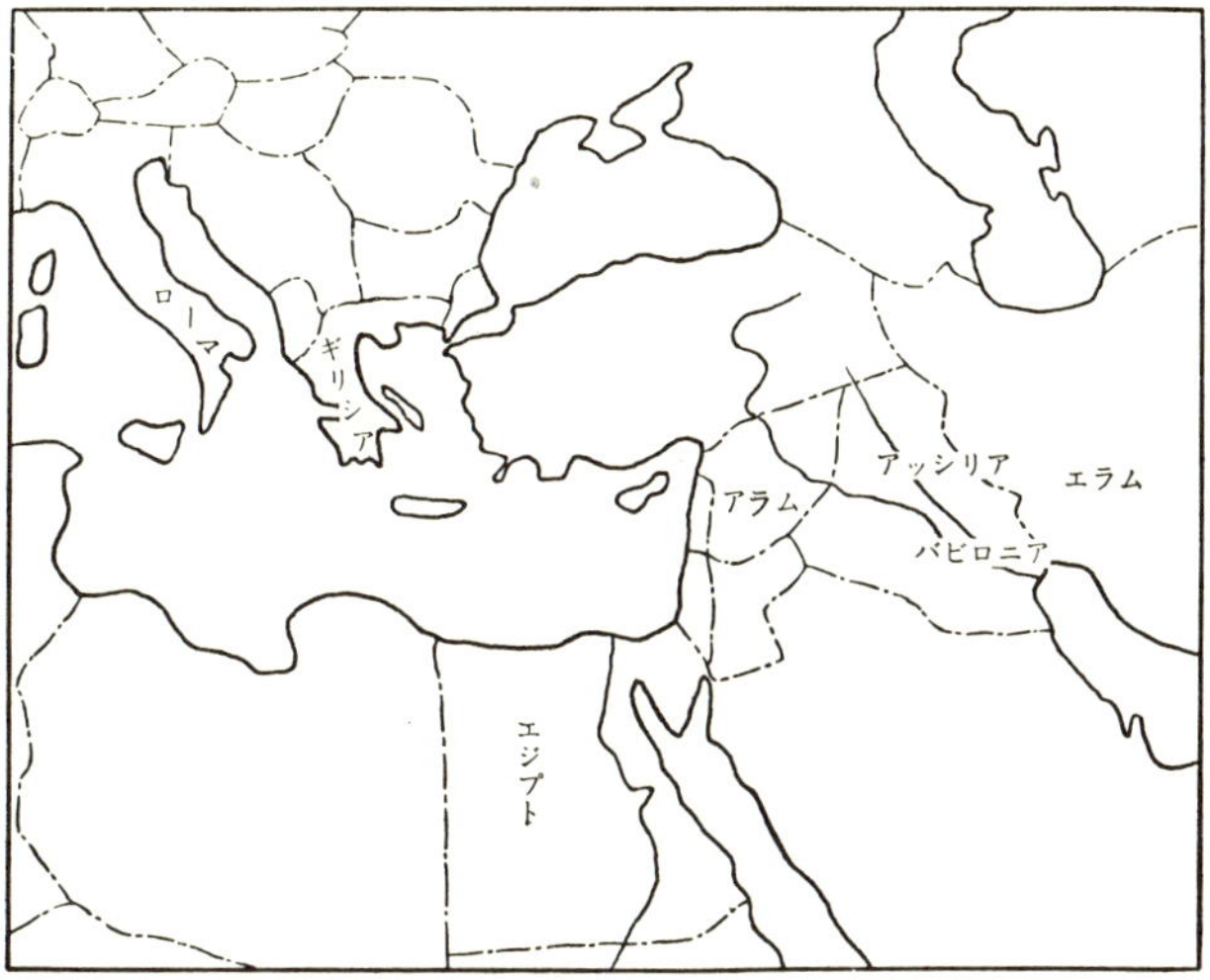

バビロニアの分野説
第６図

と分けたり、黄道の北、南、と黄道附近を、それぞれの神が支配すると考えたりして、解釈をますます複雑にさせてゆく。このおのおのの地域で、それぞれ神々が跳梁するのである。

占星術師たちは、できるだけ自分たちの知識を混み入ったものにして、そして素人の手の届かないところに占星術を置こうとした。そして素人にも手のうちがわかるようになると、さらに一段と複雑な手を加えて、故意にむずかしくしたのである。

一方、ギリシア人はまとまった占星術を発展させなかった。もちろん彼らにも星辰信仰がなかったわけではない。プラトンも星が人生を支配すると考えていた。しかし、ヘレニズム時代にバビロニアとの接触により体系化した占星術が輸入されて後はじめて、占星術はギリシア的に高度に組織化されるのである。

古典ギリシア時代に占星術がないということは、何も彼らがバビロニア人よりも科学的であったということではない。彼らは何も反占星術的議論を提出していない。バビロニア占星術はすでにひとつの専門化した技術となっていたので、それが古典ギリシアに容易に浸透しなかったからであろう。しかし、ヘレニズム時代には、占星術は大きく変容する。ギリシア思想によって高度に理論化・ドグマ化される一方、民衆への浸透も強かったようで、占星術をめぐって賛否両論がたたかわされることになる。

楔形文字で書かれたバビロニアの天変占星術と、ギリシア語やラテン語で書かれた個人のための宿命占星術とは、その方法も目的もはっきりちがうものである。バビロニアからヘレニズムへその間を結びつけようと、いろいろの推測がなされている。ギリシアやローマの著述家たちの書き残した断片をもとにして、カルデア人がバビロニア王朝の滅亡の後ヘレニズム圏に拡がって占星術を拡めたとか、エジプトやシリアを経由して運勢占星術になったとか、あるいはドイツ系の学者の愛好するポセイドニウスはじめシリア生まれのストア派の哲学者たちが、ギリシアの自然哲学思想と東洋の神秘主義とを融合して宿命占星術への道を拓いたといった説がある。しかし、現在の研究段階では、これら二つの異なる占星術の方法の発展変化を、ひとつひとつ明確に追って行くところまでいっていない。バビロニア側にもギリシア側にも検討さるべき資料はまだいっぱい残されているが、占星術の迷路に入って行くことは、あまり快適な仕事ではないので、学者も二の足を踏んでいる現状である。

なお一言注意しておきたいのは、この本の中で使うバビロニア人、ギリシア人、ローマ人の用語である。後世のわれわれが昔の人の知的活動を知る主な資料は、書かれた物である。書いた人間がどこで生まれ、どこで死んだか、どういう人種に属したかは知られないことが多いが、確実にわかることはどういう言葉で書いたか、ということである。そこで、生まれや人種のことは問わずに、楔形文字で書いた人をバビロニア人、ギリシア語の著者をギリシア人、ラテン語をローマ人と定義する。だからバビロニア天文学というのは、楔形文字で書かれた天文学ということである。同様にして後に登場するイスラム天文学とはアラビア語で、インド天文学はサンスクリットで書かれた天文学である。中国天文学はもちろん漢字で書かれている。

6　プトレマイオスの『テトラビブロス』

占星術は、ギリシア文化の中にもたらされた初期ヘレニズムの時代から、天変占星術の健全な経験主義をはなれ、すでにかなり理論的、思弁的傾向を示してくる。もちろん一般には日月食を天変としておどろき、その恐怖の心理にもとづく天文占が行なわれていたが、トップレベルの学者識者たちの占星術観は、それに対してできるだけ科学的態度でのぞもうとするものである。キケロなどもヘレニズム占星術の理論的な枠組みを要約しているが、ギリシアの占星術で、いちばんよくまとまっている代表的著作は、紀元二世紀のプトレマイオスの『テトラビブロス』である。この本は現在にいたるまで西洋の占星術師のバイブルとなっている古典である。

この本は四章から成る。第一章では占星術の基礎になる原理を述べ、第二章は天下国家的スケールのできごと、第三・四章は個人の運勢に対するその原理の応用である。個人の運勢は次章にゆずり、ここでは原理とその天下国家への応用を述べる。

プトレマイオスはまた、占星術の家元であると同時に、古代天文学の最高権威として十六世紀頃までイスラムや西洋の天文学上に君臨した大立物である。その大著『アルマゲスト』は、観測データとその数学的取扱いに終始したもので、占星術的な色あいなどはみじんもない。一人の人物の中にこのように実証的科学と迷信的占星術とがどうして同居しえたか、ふしぎに思う人も多いだろう。

天文学は第一の科学、占星術は第二の科学

しかし、『テトラビブロス』の冒頭で、プトレマイオスは断っている。日月諸惑星の運行を論証する天文学自体は、第一の科学であり、それ自体独立したものである。それに対して、天上の現象の地上への影響を論じる占星術は、二流の科学であり、第一の科学の応用である。そして第一の科学ほど確実性のあるものでは決してない。しかし永遠なる天のエーテルから発するある力が、地上にあまねくゆきわたっているから、その影響力を論じることは学問的に可能であり、また予報により事前に災害防止策を講じることによって人生諸般のことに役立つにちがいない。水先案内がよくまちがった判断をするからといって、彼のいうことをまったく信じないわけにはゆかない。占星術も同

じことである。プトレマイオスの目的とするところ、出発点は、バビロニアの天変占星術と同じである。しかし、彼の背後には、ギリシア自然哲学の伝統とヘレニズム天文学の成果がある。だから彼は日月食のような天変に素朴なおどろきをもって対することをせず、科学的にことを処理しようとする態度をはっきり表面に出している。

ギリシアの自然哲学思想の特徴は、一言にしていえば、バビロニアの君主中心主義とちがって、自然中心主義である。したがって、唯物的傾向をもち、この世の中を自然的事物に還元して説明しようとするセンスが発達する。だから、天変をすぐ君主の関心事に結びつけようとせず、天体の影響をまず地上の物質で受けとめ、しかるのちに人生への影響を論じる。プトレマイオスが天体の個人の運命への影響を論じる「特殊占星術」の前に、より一般的な民族、国家、都市に関する「一般占星術」を配したのは、こういう意図があったからであろう。だから、地上への影響の問題も、戦争という純然たる人災は別として、飢饉、疫病、地震、洪水などの天災、とくに気温の変化、暑気や嵐の強さの変化、豊作不作など、ほとんどが気象学的なテーマである。

この種の占星術は、天上の突発事件よりも天体の必然的な行動と、地上の自然界のできごとを、必然の鎖をもって結びつけようとするものである。だからそれはもはやバビロニア・中国流の「天変」占星術ではない。また個人用の「宿命」占星術でもない。今日の自然科学に近いものだから、「自然」占星術とよんでおく。

中国やバビロニアの天変占星術では、稲妻や地震も天変のうちに数えられた。天の定義ははっきり

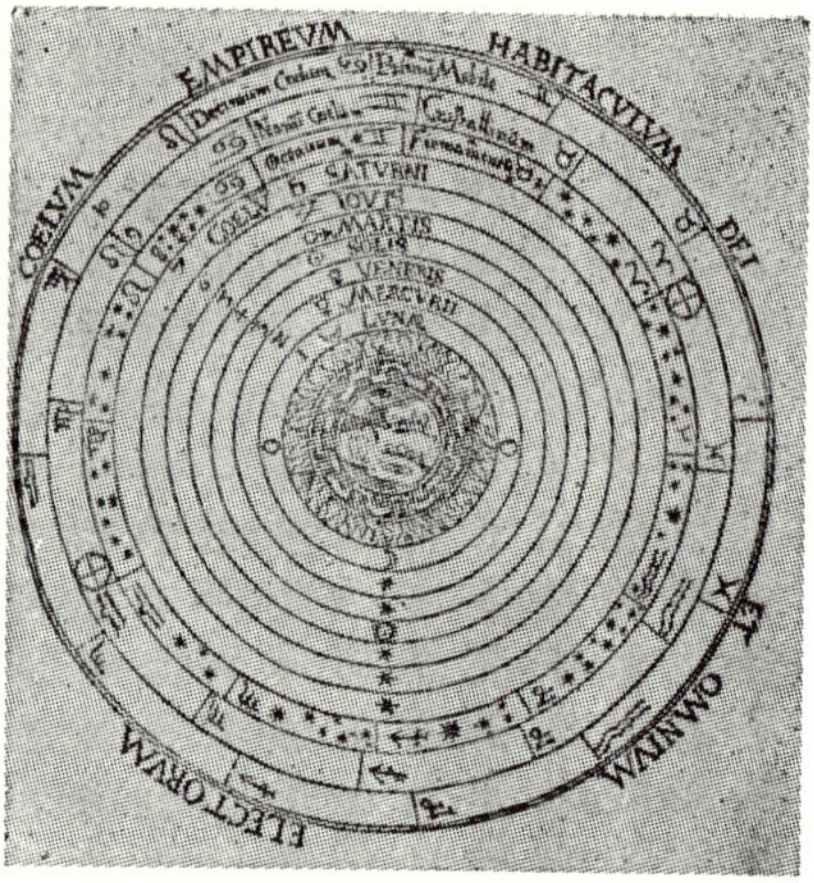

アリストテレスの宇宙観，ペトリ・アピアニの『宇宙』(1539) より

第７図

していなかったが、土の上はすぐ天だと考えられた。だから高い山はそれだけ天に近く、天と同じように崇敬された。山嶽信仰のいわれである。

ギリシア人はもっと学問的にしっかりした定義を下した。プトレマイオス自身が強い影響下にあったアリストテレス派の定義によると、地球中心の宇宙像（第７図参照）の中で、月より上の世界は天であり、そこでは天体は円運動をする。円には初めも終りもない。したがって天体は完全で永遠不変である。その永遠不変の相を研究するのが天文学である。一方それより下の地の世界では、物質は直線運動をする。初めがあり終りがある。地上の万物は生成死滅、たえざる変化をくりかえしている。この地上界を扱うのが気象学や自然学である。

天上の世界は不変であるから、原理上天変なるものは起こりえない。天には規則的な永遠不変の運行があるだけである。日月食も太陽や月の運動からして起こるべくして起こる。何も不可思議なものではない。しかし規則的だからといって地上に影響しないことはない。規則的に影響するのである。第７図のように地球やそれを取りまく水、大気、火の元素の球は、天にすっかりかこまれており、だからまわりの天から強い影響を受けるにちがいない。とくに近代の宇宙観のように天へのはるかな距離を考えていなかった古代人は、玉ねぎの皮のようにぎっしり天球が密接していると考えていたから、その影響は現代人が想像する以上に強いものと考えられていた。そこで地上の気象現象も、天体に影響されて、規則的な変化が認められるはずである。これが占星気象学の根本思想である。

惑星の性質

太陽が地上に影響をおよぼすことは、また誰が見ても明白なことである。地上の動物・植物の生成や人間活動も、太陽の運行に律せられる。また潮の干満が月の運行に影響されることは、すでに古典ギリシア時代に認められていたから、月の影響についても疑問の余地はない。さらにこの影響を惑星や恒星にも拡張する。そして大気などには天上からの影響以外は他に影響するものは考えられない、としている。

人の運命になると、もっと複雑で、天体の影響をそのまま読み取ることはむずかしい。個々人の運命・性格はさまざまに分かれているし、これらはきわめて偶然的であるように思える。しかし、地上の事物間の相対関係で個々人の運命・性格を説明できない場合は、これをどうしても天のせいにせざるをえない。地上の世界、人間の運命などは、天にくらべるとずっとちっぽけな劣った存在である。だから天から地へは圧倒的な影響があるが、その逆はあまり考えられない。

プトレマイオスの占星術理論の基礎になっているのは、アリストテレスが物質の性質の最も基本的なものとして用いた二つの対立する性質、乾—湿、冷—熱である。

たとえば、陽光に当たれば暖かいし、洗濯物を日に当てれば乾く。だから太陽は熱と乾の性質を持つ。

太陽についてのこの説明は今日の常識からしても受け入れられるが、月や惑星にも同様にしてそれぞれに乾―湿、冷―熱の性格を規定するには、かなり無理してこじつけることにもなる。地上界は海あり、川あり、湿気に満ちている。月は天上界の中では地球にいちばん近く、地上から立ちのぼる湿気でうるおっているから、天体の中ではいちばん湿気に富む。それに太陽とはくらべものにならないが、多少の熱もある。

土星は天球のいちばん外にあり、地球からいちばん遠いから、乾いている。また熱源である太陽からもいちばん遠いから熱も少ない。故に土星の性は乾―冷である。

火星は、火のような色を出し、太陽に近いから、熱があり乾いている。木星は火星と土星の中間で、適度の熱と湿気があり、温和で豊作の風を生み出す。

金星は木星に似ている。太陽に近いからかなり暖める作用もあり、一方月のように湿ったところもある。水星は太陽から距離があまりはなれないので太陽に近く、乾いて湿気を吸い取る作用もあるが、同時に月に近くて湿ったところもある等々、かなり苦しい理由づけも見られる。

乾いて冷たい性は悪く、湿って暖い性質は良いとされる。この価値感は明らかに農耕民のそれである。だから、木星、金星、月は良い影響を与えるが、土星は冷たすぎ、火星は乾きすぎ、ともに悪い惑星である。太陽と水星は善悪両方の性質があり、他の惑星との関係でどちらにもなりうる。

惑星の性

女はじめじめしているところがあるので湿性、だから月と金星は女性である。男はカラッとしているから男性、そして太陽や土木火星は男性である。水星は中性で乾湿両方を持っている。今日の英独仏三国語とも、金星は女性、火木土星は男性であるのは、占星術に由来しているものであろう（ただし、ドイツ語では月は男性、太陽は女性であり、水星は三国語とも男性である）。

昼と夜の性

昼間は地上に熱が加わり、活動の時である。故に昼は男性であり、太陽や土木火星は昼の性質を持つことになる。夜は湿って静止の時であるから女性である。故に月と金星は夜の性を持つ。これはまるで中国の陰陽説のようである。

惑星相互の位置の角度関係にも占星的意味づけがなされる。たとえば太陽と月の相対的位置によって新月―上弦―満月―下弦―新月というように月の位相が変化する。これに四つの性質を割り当て、新月から上弦までを湿、上弦から満月までを熱、満月から下弦までを乾、下弦から新月までを冷としている。こうなるとその理由づけはまったく今日のわれわれの理解に苦しむところである。要するに中国の五行説のように、プトレマイオスは、ピタゴラス派の好んだ四という数字ですべてをうまく説明づけ、四つの性を任意的に割り当てたにすぎない。

四季とか方向への割り当てにも同じことが見られる。草木の芽ぐむ春は湿であり、夏は熱、秋は乾で冬は冷である。四は四季に対応するので、五行説のように土用のようなものを無理して作り上げなくともよかった。
　中国やバビロニアの占星地理に対応して、プトレマイオスも四方に分け、それに性を附与する。東は乾、南は熱、西は湿、北は冷。南北の熱冷は、北半球の人間には当然の割り当てであるが、東は中近東の乾燥地帯、西は地中海の湿気を指したのであろう。したがって東は乾であるからそこの民族は男性的、西の人は湿で女性的である。

恒　星

　古くから、恒星のグループに対して名前がつけられていた。これらの星座の名づけ方は、バビロニア流、エジプト流とあるが、現在われわれの用いているものは、ギリシア神話と関連づけられたギリシア流のものである。今日、プラネタリウムで星座の解説を聞いていると、古代人の想像力のたくましさに舌を巻く。しかし、また我われだって百地蔵を見ていると、ひとつひとつ知人の誰かに似ているように思えてくるものである。心理学者の用いるロールシャッハ・テストというのは、紙に落したインクのしみから何を連想するかで、性格の検査をするものだが、星空に対する連想から、古代人の性格もわかろうというものである。夜空をつくづくと眺めていれば、われわれでも何かのひらめきが感じられるはずである。まして星辰信仰を思想的背景とする古代人には、星座に当てられた名は、ただ便宜的につけた名前以上にリアルな感じをもって受け取れたにちがいない。

黄道十二宮

諸星座の中でも、太陽が一年に天球上をまわる道筋である黄道の上の星座はとくに注意をひいた。

月や惑星の動く道筋も黄道からあまり離れていないから、惑星運動が注意をひくようになると、純天文学的関心からも黄道はますます重要となる。そこでこれら日月諸惑星の運行を示すために、黄道を十二に分け、黄道十二宮のひとつひとつの宮に名をつけるようになる。黄道十二宮が確立するのはそんなに古いことではない。紀元前五世紀をさかのぼることはない。天文の知識がある程度しっかりしてはじめて、十二宮が成立するのである。

いったん黄道十二宮が成立すると、これがまた占星術の理論化に使われることになる。プトレマイオスの頃は太陽は春分には白羊宮にあった。これを第一宮といい、以下太陽の動く方向に第十二宮まで数える。初めの三宮に太陽がある間は春、次の三宮は夏、そして秋、冬と十二宮と季節の対応がつく。

春分から始まる半年は昼の方が夜より永い。昼は男性であるからその半年つまり第一宮から第六宮までは支配的であり、残りの半年、第七宮から第十二宮までは夜が永くて、従属的という性格づけがなされる。男性はとにかく第一の位置をとるべきであるから、第一宮は男性の性格を持つ（もちろんプトレマイオス自身は男性である）。そして男女陰陽の性を十二宮にかわるがわる、第二宮は女性、第三宮は男性というように割りふる。

北半球の温帯以北では太陽がいちばん近いのは夏至の時である。いちばん遠いのは冬至の時である。土星は太陽からいちばん遠いので、冬至の時に太陽のある宮とその隣の宮、すなわち摩羯宮と宝瓶宮には土星が割り当てられる。次に遠いのが木星、以下火星、金星、水星というように、地球

黄道十二宮の名	現在の星座名	季節	支配従属	性	惑星
1　白羊	ひつじ	春	支配	男	火
2　金牛	うし			女	金
3　雙女	ふたご			男	水
4　巨蟹	かに	夏		女	月
5　獅子	しし			男	日
6　室女	おとめ			女	水
7　天秤	てんびん	秋	従属	男	金
8　天蠍	さそり			女	火
9　人馬	いて			男	木
10　摩羯	やぎ	冬		女	土
11　宝瓶	みずがめ			男	土
12　雙魚	うお			女	木

からの距離の順にしたがって各宮に割り当てる。残った巨蟹宮と獅子宮のうち、前者は女性なので月、後者は男性なので太陽にふり当てる。こうしてできた対応を右表に示す。

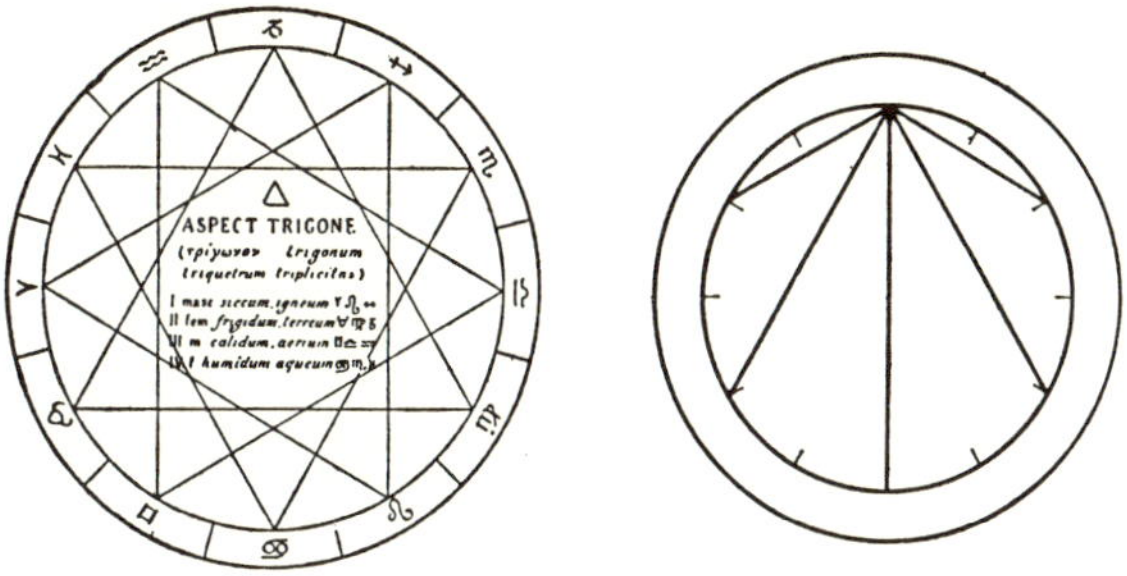

左　周囲の12区域上の記号は黄道12宮を示す．　右　星座の近親関係

第8図

その他に、各宮の間の近親関係というものがある。第8図（右）での上、二つ離れた宮、つまり六〇度離れた宮や一二〇度離れた宮とは同性であり、近親関係にある。ところが九〇度離れた宮とは異性であり、不調和である。一八〇度離れた宮は同性ではあるが対立するもので、あまり仲良くない。他の角度の宮とは関係がない。とくに六〇度離れた三つの宮は第8図（左）で正三角形をなし、関係がきわめて深い。

これらの星座の近親関係は、もともと純粋に幾何学的な配置からきたものであり、星座にまつわる属性はあとからつけたものである。同性の星座は仲が良いとプトレマイオスは「同性愛」的説明を下しているが、むしろ異性相引くのが常識であろう。かに座がみずがめ座に愛されるのはわかるが、やぎ座がうし座と仲が良いわけはわからない。マニリウスなどが星座の名前や性からその好悪関係をこじつけたが、これらはみな初期の幾何学的配置の意味を失った俗説である。

以上、プトレマイオスの占星術の基本原理なるもののいくつかを示した。これらはまだどうやら論理的に筋の通る方だが、まだまだこれから先にはひどいこじつけがあって、現代人にはとてもついて行けるものではない。それらをいちいち無理して筋を通そうとするのは、頭脳の浪費になるから、ここらでやめることにしよう。本当に古代人のもっていた論理構造を分析するには、われわれにはまったくのナンセンスととれることにしんぼう強くついて行かねばならないのだが、それは一生かけないとできない仕事である。

『テトラビブロス』の書き出しでは、プトレマイオスは現代人をも納得させるような、きわめて健全な方法論を展開しているのに、実際は不幸にして占星術に対するこの方法論の適用を徹底させることをしなかった。占星術の観測的根拠（あるいは根拠のないこと）を示さずに、世間で慣行の占星術を科学的な吟味を徹底させることなしに受け入れてしまった。そしてプトレマイオスの名の権威下に、後世をあやまらしめる結果になった。

それでもプトレマイオスの占星術は、ギリシア・ローマ時代からさらにイスラム・西洋中世、いや現代にいたるまでの占星術書のなかでいちばん筋の通ったしろものである。おそらくプトレマイオスには、当時流行していた雑駁な占星術知識を組織化し、それに合理的な説明を与えよう、という意図があったのであろう。

プトレマイオス流の天下国家の占星術は、さらに十二宮と民族、国家、都市とを対応させ、その星座に起こる日月食や惑星の動きに対して季節、性、近親関係、その他もろもろの属性によって千差万別の解釈をつけるものである。また国家や都市の運命を占うのに、その国家・都市の成立時、あるいは成立時のはっきりしない時には、創建に最も力のあった人物の生誕時の惑星の十二宮上での配置による、という方法もある。これは明らかに、次章で述べる個人のための宿命占星術を、逆に天下国家のスケールに応用したものと考えられる。プトレマイオスの自然占星術は、バビロニア流の経験主義的で天下国家のための天変占星術と、天文計算によって個人を占うヘレニズムの宿命占星術の中間に位置づけることもできよう。ともあれ、ヘレニズム時代になって、天文学が発達し、天は永遠不変の相を示すというアリストテレス流の宇宙論が根をはると、天変の観測という経験的要素がすっかりかげをひそめ、天下国家の占星術もすっかり原理化・ドグマ化して、机上の計算でことたりるようになるのである。観測家よりも理論家の手にゆだねられるようになるのである。

7　占星年代学

これも天下国家のことにかかわるので補足するが、占星年代学なるものがある。太陽、月、諸惑星が天空の一ヵ所に集まると、天変占星術上の意義が附される。とくに惑星が会合する星座に対応する地球上の一地方では、この影響がはなはだしいと解釈せられることは、すでに述べた。太陽、月をはじめ、諸惑星の周期的運行が天文学の発達で見きわめられるようになると、この知識から惑星の会合を計算できるようになってくる。たとえばある年に木星と土星が集まったとする。木星が天球上をめぐる公転周期は十二年、土星は三十年という知識を占星術師が持っていたとすると、その最小公倍数を取って六十年でまた同じ木星と土星の会合が見られる、と計算できる。そこで木星と土星の会合による占星術的効果は、六十年を周期としてくりかえす、と解釈される。この効果が地上にあらわれ、人類の歴史は六十周年でくりかえすことになるのである。

木星と土星だけでなく、その他すべての太陽系の成員が一ヵ所に集まるということになれば、これは実に由々しい占星術的意義を持つことになる。ポーカーでいえば、ロイヤル・ストレイト・フラッシュ級、マージャンなら九連宝頭級の地上最大の事件である。まさに千載一遇である。日月諸惑星のあらゆる周期的常数を掛け合わせた天文学的な最小公倍数をもって、宇宙の歴史はこの時点から、再出発する。天文観測が進み、周期的常数の精度が上ると、最小公倍数は桁ちがいに増し、想像を絶する大きな値になってくるのである。

占星術的洪水説

「ノアの箱舟」で有名な洪水伝説は、いろいろな民族の説話に見られる。これが占星年代学と結びつくと、惑星が一ヵ所に集まる時に大洪水が起こるという洪水予知説になる。その周期は占星術師によってまちまちで、粗雑な惑星の公転周期を用いた六千年周期説から、三万六千年、七万二千年、四八万年、七二万年、一四四万年とバビロニアの占星術師はどしどし大きな推定値を提出した。

その解釈についても、十二宮をエンペドクレス以来のギリシアの四元説（空、火、土、水の四元素）に割り当て、夏は暑いから、夏に当てた三つの宮は火に相当し、冬は寒いから、冬の三宮は水に当たる、大会合が水の宮で起これば大洪水となり、火の宮なら大火が生じる、というふうに決めてゆく。ギリシア人の計算によると、紀元前三一〇二年の年代二月十七日と十八日の間の真夜中に黄道第一宮の初めにすべての惑星が集まる。そこでかの大洪水をこの大会合と結びつけて決めている。

紀年法のしっかりしていなかった古代史を検討する場合、説話時代の年代決定にこの占星年代学が入りこんでいて、歴史家を悩ませる。バビロニアの天体観測がアレクサンダー大王よりも七二万年前から始まったとカルデア人は誇るが、これに対抗してエジプトの占星家もギリシア人やローマ人の占星術ファンを惹きつけるため、エジプトの天文記録も六三万年前にさかのぼると宣伝している。しかしそれはみな彼らの占星年代学にもとづくものであって、今日ではもちろんその実在性を否定されている。ギリシアの歴史家が、バビロニア王国は大洪水まで四三万二千年にわたってつづいた、としているのも、同様の占星術的基礎からきたものである。

惑星の会合周期を求めることは、天体暦を作る上に大変役に立つ。ギリシアのメトンが求めた、十九年に七回閏月を置くというういわゆるメトン周期は、太陰太陽暦を作るさいの基礎となったし、サロス周期も日月食の予報に役立つ。諸惑星の会合周期を体系化してまとめたのは、ヘレニズムの影響を受けた紀元後四世紀以後のインドの「ユガ」天文学である。彼らはバビロニアやギリシア天文学の成果を理論的に組織づけ、四三万二千年のカリユガ周期をもととし、四三億二千万年のカルパ周期にまとめあげた。

中国でも古くから最小公倍数をもって暦数を扱う思想がある。『史記天官書』に、

「天運はひとたび小変し、百年にして中変し、五百載にして大変す。三たび大変するは、一紀な

り。三紀にして大に備わる。此れ大数なり。国を為むる者は必ず三五を貴ぶ」とあり、暦数が「数の魔術」と結びついていることも読み取れる。

天体の運行だけでなく、人工的な暦数、干支も周期の一つとして加わってくる。中国の暦書では、干支が甲子で、朔、冬至の上に五惑星も同じ場所に集まる時を暦元とし、すべての暦の計算の出発点とする。暦法が精密になるにつれて、暦元をずっと古く取らねばならなくなる。これはもちろん天文学者が天体暦編纂のために便宜的に作ったもので、現実の歴史とはなんらかかわりはない。ところが、イエズス会士が十六世紀末に中国にきてから、中国の天文学のことがヨーロッパ世界にも報告され、当時のヨーロッパのインテリたちは、中国の歴史が恐ろしく古く、ノアの洪水よりもはるか前から存在したことを聞いておどろいた。実は便宜的に作った暦元を中国の歴史の始まりと勘ちがいしたのである。

中国にももちろん科学的天文学だけでなく、数の魔術にもとづく迷信が横行している。紀元前一世紀頃から数の神秘思想に由来する讖緯《しんい》説なるものが流行した。これはもともと天体の運行や暦から生じたものであろうが、占星術のドグマ化は西洋のそれよりはるかに徹底し、易の思想と結びついて、その天文学的起源を辿ることができないほど抽象的なものになっている。

その中に辛酉や甲子には革命をなすという言葉がある。辛酉や甲子は、干支であらわした年を指す。十干十二支は六十年で一周するから、六十年ごとに革命的な大事件が起こるというのである。

ペルシアのササン王朝時代にも似たような考え方がある。木星と土星の会合周期で歴史が展開する、というもので、その倍数の二四〇年ごとに王朝が変り、さらにそれを四倍した九六〇年ごとに、マホメットのような偉大な予言者があらわれ、人類史上の大変革が起こるというものである。

神武紀元の占星術的基礎

さて、『日本書紀』によると、神武天皇の即位は辛酉の年春正月庚辰朔に行なわれたとある。これが今日とやかくいわれる紀元節の日付になっており、戦前用いられた神武紀元の元年である。神武紀元が実際の歴史的事実でないことは、今日定説となっているが、そのひとつの根拠はこの辛酉という年にある。きっと讖緯説の辛酉革命説にもとづいて、即位の年を捏造したにちがいない。ところが辛酉という年は六〇年ごとにめぐってくる。そこでさらに讖緯説から出した複雑な数をからみ合わせて、六〇の倍数、一三二〇年という数字を出し、天智天皇即位の辛酉年からその年数だけさかのぼって神武天皇建国の年を決めたのだ、という説がある。ところが天智天皇の即位年はそれほど重要な歴史上の意義を持っていない。讖緯説によると、六〇年周期（これを一元という）を七倍し、さらにそれを三倍した値、つまり二十一元を一蔀といい、この方が重要な周期のようである。その値は一二六〇年である。神武天皇即位の年から一二六〇年下る辛酉年は、推古天皇の九年で、この年は聖徳太子が斑鳩に都を定め、いろいろな制度上の変革を行なおうとした、日本歴史上の注目すべき年である。だからこの推古天皇の九年を基準とし、讖緯説により一二六〇年をさかのぼり、神武天皇即位の年を定めた、というのが今日学者のあいだで最も支持されている神武紀元論である。ほかにもいろいろの説があるが、要するにこれも一種の占星的年代学なのである。

第二章　個人のための占星術

1　バビロニア起源の宿命占星術

親しい友人を招き、ろうそくを立てて笑いさざめく誕生日、この誕生日を祝う習慣は、今日、日本の家庭にもひろまっているが、いうまでもなく西洋から入ってきたものである。われわれ仏教圏の人間は、故人を追憶するさいに何回忌というように命日から数えるが、西洋では生誕何年祭というように、誕生日から数えるのがふつうである。では、西洋では何故このように誕生日を重要視するのだろうか。おめでたい誕生日、しかし実はその背後に生まれ落ちた時の星によってその人間の生涯が運命づけられる、という占星術の宿命観がひそんでいるのである。

宿命観と占星術の結びつき

子供が生まれた時、空に一つお星様がふえる。この子供の魂が天に宿ったのだ。その星が明かるければ、子供は富み、暗ければ貧しい宿命を荷っている。子供が死ぬ時、その星は空から落ちて流星となる。こういう説話が現在もドイツに残っている。探せば同じような説話が他の地方にも認められるだろう。

古代人には、東から昇ってくる星は毎夜生まれてくるもので、西に沈む時にその星が死ぬ、という考え方があった。毎夜星が生まれては死ぬ。星が北極を中心にしてまわっているものだという認識が確立するまでは、一応当をえた説明ともいえる。

この二つの考え方を重ね合わせて見よう。子供が生まれた時、東の空に昇ってくる星は、その子供の運命を荷うものという考えが出てくるのである。

また、天球の上で恒星のあいだを縫って動くもの、すなわち日月諸惑星には特別の活力があるとし、それらから出る不思議な力かエネルギーのようなものが、生誕時の子供の生命に宿すという考え方もある。われわれ現代人は天体の影響を科学的に立証されるまでは納得しないが、古代人は諸物の相互の影響をもっとイージーに密接なものと考えるのである。そうなると、子供の生まれた時に見える日月諸惑星の数、その組み合わせが、その子に附与された生命力の問題となるのである。

これらが基礎となって、人間の生誕または受胎時の恒星の位置、惑星の配置が、その子供の人生を律する、という宿命占星術の思想が生まれてきたのである。

宿命占星術のバビロニア起源

前章ではバビロニアにおける天変占星術の発生について述べた。一方われわれがこの章で述べようとする宿命占星術、つまり誕生日の星の配置による個人の運勢判断はまったく前者とちがうものである。前者についての知識は主に紀元前七世紀ころの楔形文字板のコレクションからきたものであるのに対し、後者についてはヘレニズム時代のギリシア人やローマ人から始まり、現在にいたっている。だから、ヘレニズム時代に宿命占星術がさかんになったことは、まちがいない。宿命占星術に使うギリシアの占星表（ホロスコープという）は一〇〇個も残っているが、いちばん古いのは紀元前四年のものである。そんなに古いものではない。

しかしギリシアやローマの著述家たちは、宿命占星術の起源をバビロニアやエジプトに帰している。たとえば、紀元前一世紀のローマの建築家ヴィトルヴィウスはこのように書いている。

「占星術、つまり十二宮、五惑星、太陽や月の人生のコースにおよぼす影響については、カルデア人の計算にまたねばならない。運勢を占うのは彼らの特技で、天文計算から過去や将来を説明できるのである。カルデアの国からやってきた者たちは、彼らの洗練された特殊技能と自讃する発見を伝えてきたのだ。まずコス島の市民として定住したベロススはそこで学校を始めた……」

また、プトレマイオスの『テトラビブロス』もカルデア流、エジプト流の占星法を叙述している。

近代の研究家も、古いバビロニアの天変占星術が、だんだん宿命占星術に発展し、ヘレニズム文化の中に根を下ろした、という仮説を作りあげる。しかし、紀元前六〇〇年から三〇〇年の間にバビロニアの占星術はどう発展したか、つまり天変占星術から宿命占星術にどのようにして変って行ったかについては、われわれの頼るべき資料はほとんどない、といってよい。

しかし、この時期がちょうどバビロニア天文学の長足の進歩の時にあたる。その発達した天文学的知識の上に立って、宿命占星術の基本的要素ができあがったという仮説は、あくまで仮説であるが、現在われわれのもっている知識からして、おそらく妥当といえよう。

楔形文字粘土板に書かれた占星表で、年代のはっきりしているものは、紀元前三世紀に六つある。そしてもうひとつ年代は書かれていないが、占星表にあらわれた惑星の位置から計算してみると、紀元前四一〇年と推定されるものが一つある。粘土板もかなりこわれていて、解読も十分ではないが、例としてあげてみよう。

「ニサンの月の十四日の夜、デケの子孫、シュマ・ウスルの息子、シュマ・イッディの息子は生まれた。その時、月は天蠍宮の『角』の下にあり、木星は雙魚宮に、金星は金牛宮に、土星は巨蟹宮に、火星は雙女宮にあった。水星は没して見えなかった。…凡ては汝の前に良いであろう…」

黄道十二宮の名がこの中に見られるが、十二宮はこの頃できあがったものと思われる。

紀元前 410 年のものとされるバビロニアの占星表粘土板.

第 9 図

紀元前三世紀、ヘレニズム下のセレウコス朝になると、バビロニアの天文学も進み、占星表の上でも惑星の位置が角度で明確に示されるようになる。紀元前二三五年の例を示そう。

「セレウコス朝の七七年、シマンの月の五日の終り頃、アリストクラテスは生まれた。その日は、月は獅子宮に、太陽は雙女宮の十二度三十

紀元前235年の占星表粘土板
第10図

分にあった。月はその面を中央から上に向けていた。木星は人馬宮の十八度にあり……木星の場所からして、彼の人生は正しく良く、彼は富裕のうちに老いるであろう。金星は金牛宮の四度にあり、彼の生涯は永いであろう。金星の場所から判断して、彼の到る所、良い結果があらわれるだろう。水星が雙女宮に太陽とともにあるから、彼は多くの息子と娘を持つことになる。水星の位置からして、この勇気のある子は第一位に上るだろう。彼は兄弟たちよりも重要な地位をうるだろう。……土星は巨蟹宮の六度。水星は巨蟹宮の二十四度……」

ここに出てくるアリストクラテスは、あきらかにギリシア人の名前である。おそらくバビロニアを征服したギリシア人の支配階級の二代目か三代目で、土地のバビロニア人の占星術師に運勢を占わせたものであろう。

一方エジプトでは宿命占星術系の占星表の出現は意外におそい。神話的文献はあらゆる時代を通じてうんざりするほどあるが、占星術的考え方はその中に見出だせない。占星表の存在が知られるのは、やっとキリスト出現の前後のことである。だから、運勢占星術の主流も天変占星術とおなじくやはりバビロニアに源を発したといえる。ただその後ヘレニズム時代にエジプトで急速な発展をとげたため、エジプト株がローマの著述家の間で上ったのである。

昨今のエジプト・バビロニアの天文学・占星術の研究では、伝説への無批判的依拠をできるだけ警戒して、しっかりした証拠が見つからない限り、結論を下さない、という傾向にある。エジプトやバビロニアの天文学・占星術を、ギリシア・ローマの後世の著述家たちがいくら古いものだ、立派に発達したものだ、とほめても、ちゃんとした天文表や占星表が見つからない限り、そのままでは認めない。たとえば黄道十二宮は、紀元前四一九年の楔形文字板に認められたものが、現在その時代を知られている最古のものである。すると、黄道十二宮は紀元前四一九年に初めてあらわれたとする。黄道十二宮の知識が突然天から降ったように生まれたわけではなかろうから、おそらくそれより前にもあったであろうが、不確かなことにみだりに想像を延ばすことをしない。すると、どうしても天文学・占星術の起源も伝統的な説よりも遅くとることになるのである。

『日本書紀』に「本日雨降ル」という文句が初めて出てきたからといって、これが日本で初めて雨が降ったことにはならない。雨は有史以前からある自然現象だという認識があるからである。しかし歴史的現象に対しては、記録のはっきりしない時代に想像をはたらかせるのは個人の自由であるが、だからといって想像と記録とが入りまじって混沌としていては、いつまでたっても学問的に処理できない。とくに人間の組織化された知識の発展を扱う科学史の場合では、はっきりした内容もわからず、ただ発展していたという伝説だけでは、なんとも扱いようがないのである。いきおいそんな伝説は無視せざるをえなくなる。

さて、では何故宿命占星術はバビロニアに源を発したか。宿命占星術が、どこにでも自然発生的に起こるものでなく、きわめて特殊な思想に立脚するものであり、またある程度の発達した天文学を前提とするものである、ということにその答の鍵がある。

宿命占星術ないしは運勢占星術の運勢という言葉は、われわれ日本人が夜の巷で接する易者の運勢判断と混同するおそれがある。バビロニアに源を発し現代西洋社会につながる永い歴史の鎖をぶらさげた運勢占星術は、全歴史を通じて、生誕時の惑星の配置を記した占星表（ホロスコープ）という特殊な技術から出発したものであるから、この特殊性を強調する必要のある時は以後「ホロスコープ占星術」と呼ぶこととする。

宿命占星術の発生の条件

ホロスコープ占星術の基礎になっている要素は、(1)　天上のできごとが将来の予言に系統的に使用できる、という信仰、(2)　予言は個人の将来についてもなされるという信仰、(3)　黄道十二宮の存在、(4)　日月諸惑星の知識、である。

(1)の天上の事件が地上のできごとの予言に使われる、という信仰は、天変占星術の基礎にもなっているものであり、バビロニアや中国に自然発生的に生じた、ということは前章で論じた。

(2)の天体の運行の個々人への影響ということになると、かなり特殊なものになる。専制君主の関心事の前には個々人の個性や人格などは虫けらのように圧殺されてしまう、というような政治体制の下では、「公益」に優先されてしまって、個人の運勢判断への関心は伸びない。バビロニア王国も亡び、ペルシアに征服され、さらにギリシア人によってヘレニズム化されると、メソポタミア地方でもようやく個々人の尊厳が確認され始め、また個人の財力で占星術師に金をやって占わせる階級も現われてきたとみえる。しかし、個人主義だけではホロスコープ占星術発生の十分条件とはならない。個人の運勢判断は別に天体に頼る必要はない。トランプでも手相でもできることである。ところが天体の運行を組織的に人生と結びつけるのは、バビロニアやギリシア・ローマの固有の考え方であり、中国にはホロスコープ占星術に類するものはついに発生しなかった。

(3)の黄道十二宮こそ、バビロニア独自のものである。天球上の位置を決める座標系は天文学の発展には必要不可欠のものであるが、何もそれが黄道であり、また十二に区分する必然性はない。中国では赤道を二十八に分けた二十八宿を用いている。黄道十二宮に固有の名前をつけ、占星解釈に用いたことは、古代メソポタミアに固有な思想をつかまない限り、説明がつかない。

(4)の天文知識についていうと、紀元前五世紀から三世紀位の間ではバビロニア天文学は世界に冠たるものがあった。ギリシアの天文学はバビロニア天文学の成果の上に実ったといわれている。日月、五惑星の黄道十二宮上での位置を問題にするなら、それはまずバビロニアに起こるべきである。ホロスコープ占星術は、バビロニアにこそ起こるべくして起こったのである。

ただ、それはギリシア・ローマ以後のように組織化・理論化されたものではなかったであろう。バビロニアでは日月惑星の位置を計算することは一通りできた。が、ホロスコープに使った惑星の位置がはたして計算されたものか観測されたものかは簡単にはいえない。かつての天変占星術のなごりで、いちいち観測したデータを使ったのかもしれない。またその解釈も、過去のデータに照らして占う経験的要素が多分に含まれていたであろう。ただ、バビロニア天文学の背景の上に、惑星の運行への関心が強まり、それがホロスコープ占星術の基礎となったことは疑いえない。

宿命占星術の発生は特殊なものである

以上論じたように、天変占星術とちがって、バビロニアのホロスコープ占星術は、その土地の特殊な風土に根ざしたきわめて特殊なもので、他のところにも同じような型のものが偶然あらわれる、というたぐいのものではない。だから、この特殊性をつかんでおけば、ギリシア・ローマ文化へ、インドへ、イスラムへ、さらに西洋中世へとその伝播のあとがはっきり手にとるようにわかる。中国・日本への影響も明確にとり出せる。だからホロスコープ占星術の歴史を辿って行くことは、文化交流史上にもはっきりした決め手を提出することになり、意義深いものがある。

2 ギリシア文化に入った宿命占星術

紀元前四世紀のアレクサンダー大王の大遠征以来、ギリシア文化がオリエントに拡まって、ヘレニズム時代といわれる時代を作るが、それに対して、それまでのギリシア文化を古典ギリシアのそれという。では当時のオリエントとギリシアの関係はどうなっていたであろうか。ソクラテスやプラトンはオリエントに旅して東方の賢人に学んだという伝説がある。極端なギリシアびいきの学者はこれを真向から否定して、プラトンの考えが「野蛮な」アジア人に影響されるはずはないと怒るが、バビロニア天文学の解読発掘が進むにつれて、ギリシアの奇跡とかギリシアの科学思想とかいって、西洋人がありがたがっていたものも、実はバビロニアからの借りものにすぎない、という論をなす者もあらわれる。おそらく事実はその中間にあるであろう。

バビロニア占星術の古典ギリシアへの影響については、ローマの著述家キケロのいったことが残っている。

「さてカルデア人の振舞について語ろう。プラトンの弟子のエウドクソスは、識者の間で天文学の分野での最大の学者と認められているが、彼はカルデア人について次のような意見を書き残している。『誕生日をもとにして個人の人生を詳しく予言するカルデア人のいう事など全然信用してはいけない』と。」

これがはたしてホロスコープ占星術のことか、暦の上の日付だけによって運勢を決める暦註運勢術（ヘメロロジーという）かは、おいそれと決められない。エウドクソスは紀元前五世紀の人物である。だからバビロニアのホロスコープ占星術はまだできていなかったようで、むしろキケロの側に多少記述上の時代錯誤があったのではなかろうか。ともあれ、バビロニア・ホロスコープの正統な継承者は、ヘレニズム時代のギリシア・ローマ人であることには、誰も異存はなかろう。

運命決定論

さて、ギリシアには古典時代から運命思想、宿命思想なるものが強く根ざしていた。ギリシアの古典悲劇では、この運命からの解放が一大テーマとなっている。ストア派の哲学者たちの間では人間は絶対の理性的な掟にしたがい、それから逃れられるものではない、という考え方が支配した。

運命は宇宙を支配する
ものみなすべて不変の掟にもとづく、

この紀元後一世紀初めのローマのマニリウスの句は、ヘレニズム占星術の底によこたわる根本思想をよく伝えている。

さらに、その上に、ヘレニズム時代の天文学の発達によって、惑星の運行のコースに対し必然的な法則が見つけ出された。惑星にはなんら天変的な様相はない。すべては規則正しくはこんで、人間の恣意的な欲求の介在する余地はない。それはまた占星予報でもない。きたるべき災厄の前兆を見つけ出せば、それに対する予防処置を講じうる、というような甘いものではない。生まれた時の惑星の配置によって、好むと好まざるとにかかわらず、その個人の人生コースはもう決められてしまっている。惑星に必然的なコースが存在する如く、この人生もまた既定のレールにしたがって運ばれるだけで、決してそのレールからそれはしない。われわれはただその必然のコースに従順にしたがうだけだ。

運命はすべてを決定する。運命決定論である。しかしこれは近代の唯物論的決定論と異なり、自然界の因果関係を論理的につきつめたものではない。むしろムード的、信仰的である。唯物論では自然の事物間の因果関係をまず問題とする。ところが運命論の方は、自然の事物についてはともかく、人生のコースが、人間が、必然のコースにしたがうというのである。

ただ、ここで見落してはならないことは、ヘレニズム時代の知的背景である。十八世紀の近代的、科学的唯物論の基礎には、ガリレオやデカルトの機械的自然観というものがある。これら十七世紀の科学の巨人たちに近いセンスを歴史の上で、さらにヨーロッパ以外の文化圏の上で求めようとすれば、ヘレニズム科学がその最たるものである。古典ギリシア時代の哲学議論のかまびすしさはないが、実証的・数理的基礎の上に科学をすえ、実験さえも起こりかかっていたヘレニズム時代は、近代科学の感覚にかなり近かった。その萌芽は伸びきらずに中世を迎えることになるが、社会的与件はともかくとして、考えかたの上では、近代科学成立の一歩手前までできていたといいきる論者もある。

ヘレニズム科学者の持った科学的法則と、占星術的法則は、必然的法則という点で共通性がある。だから、占星術をめぐって賛否の議論がとりかわされたが、その合法則的基盤についてはたしかに真剣に討議をかわすに値するテーマだったのである。

しかし、占星術の場合、惑星運動の必然性から出発するという点については科学的にも文句はないが、ただ、それが人生のコースを規定するという因果関係が、科学的に十分追求されないままで、宿命思想という知的背景の上に乗って、あまりにも早急にドグマ化されてしまった。天上の運行と人生のコースの間に介在する無数の中間の段階をとばしては、容易に両者の関係を検証することはできない。正しいとも間違いともはっきりした判定を下せない。そこで、実証性から離れてしまって、信じるか信じないかのドグマの問題になってしまい、やがて科学への方向からすっかりはなれてしまうことになったのである。

占星術は魔術ではない

ここで注意しておきたいことは、魔術やまじないのたぐいと宿命占星術との差異である。前者は摩訶不思議なものであり、それを行なう魔術師には普通の人間にはない特殊な超自然的な能力が賦与されており、その力によって時には不可能事を可能とする。ところが宿命占星術の場合は、完全に「合理的」で、不思議なことは何もない。ここで「合理的」とは、占星術の理論・法則にしたがうということであり、この法則は神でさえ曲げることのできないものである。必然の運命の支配するところ、祈りやまじないのたぐいの介在する余地はない。だからキリストや日蓮のような奇跡を行なって信者を獲得する宗教的指導者の武器とはならない。必然の法則によるかぎり、誰が占星術の計算をやっても同じ答が出るはずである。

過去のできごとの継起の中に必然の法則を探り出し、それをもって将来を予測しようとするのは、今日のすべての歴史家の念願とするところである。「歴史はくりかえす」という格言が真実であるなら、そのくりかえしのメカニズムを追求するのが歴史家の任務とするところである。

ところが、現実においては歴史はそうやすやすと「くりかえす」ものではない。まず、歴史はきわめて複雑な要因が織り重なって、そのため一見偶然に動くかのように見える。しかし、それは現在まだ「歴史科学」が幼稚な段階にあるからであって、厖大な数にのぼる要因をすべて取り上げ考慮に入れることができる日がくれば、いつの日か完全に未来を予測できるようになる、という確信は持ちうる。とくに電子計算機の発達しつつある今日、あらゆる歴史的変数、時間的函数を計算に入れれば、正確な答が出てくるという希望が持てる。

しかし、人間には歴史を変革する意志がある。歴史は「くりかえす」ものではなく、「創られる」ものである。

それに、歴史をついに科学たらしめない決定的な要因がある。それは、歴史が一回かぎりの現象だ、ということである。物理現象などは実験によってくりかえして見て検証できる。実験不可能な天体の運行も、それが反復的、周期的現象であるから検証できる。ハレー彗星が七六年したらまた帰ってくることは、完全に予測できる。ところが歴史現象は一方的に進化するものである。まったく同じ歴史的条件は二度とあらわれない。ナポレオンとヒットラーが生物的にはまったく同じ資質をもってこの世にあらわれたとしても、その属する社会的条件はちがっているから、二人が同じ運命をたどる、ということはありえない。

宿命占星術は、人間の自由意志を認めない。また歴史の一方的進化も認めない。人間の歴史性というものを捨象するが故に、合理的な基礎に立って、将来を完全に予測する「科学」だと自らを恃しえたのである。

ところが、「合理的」であっても「科学的」ではない。科学は数学とはちがってその理論を経験によって検証できてはじめて科学といえるのだが、宿命占星術には明らかにこの後者の経験による検証という要素が欠けているからである。それが不可能であるのは、そもそも天体現象という自然界における必然的法則と、歴史性を持った人間の行動とを、同じレベルの必然的真理として扱い関連づけようとしたところに無理があるからである。

3　ローマ社会における占星術

ヘレニズム圏にひろがったカルデアやエジプトの占星術師の後裔は、紀元前二世紀頃、ポエニ戦役とともにローマの版図が拡大されるにつれて、ローマ人社会の中にも流れこんだ。

庶民にもひろがる

東洋的専制主義のスポンサーを失った占星術師たちは、いくら昔は帝王学であったという高い気位を持していても、生活のためには身を落とさねばならなかった。それに、国家の最高機密にあずかる独占的地位は失っていたので、いかがわしい連中までが占星術師と名乗って、ひと儲けしようとする。占星術師の数は増したが、その社会的地位は低下し、流しの旅芸人のような生活をしながら、庶民の運勢の相談相手になっていた。

なかには貴族社会に喰いこむ者も出てくる。ローマ人がギリシアやオリエントから奴隷や人質としてつれてきた者の中には、相当な学者もいた。ヘレニズム文化にコンプレックスを抱いているローマの貴族たちは、彼らを友人として遇し、その知識を吸収しようとした。その知識の中には占星術ももちろん入っている。この外来の擬科学に対して多少懐疑的でありながらも、敬意を表する、というのが、共和制末期のローマのインテリの占星術に対する一般的態度であったようである。

さらに最高級の占星術師は、政界入りすることもある。ローマの帝政の初期に、元老院と元首の間の闘争で不安定な政情の背後にあって、黒幕として暗躍したのはトラシルスである。彼はティベリウス（アウグスッスを継いだローマ皇帝で、自身占星術を行なう）の友人で、アウグスッス時代から永く宮廷内にあって、帝の顧問として国政を左右し、隠然たる勢力をふるい、巨富を築き上げた。彼の子孫も同じく権勢をふるうのである。

惑星は天文学の法則にしたがって運行する。したがって誰が観測しようと、計算しようと、正確でさえあれば、その答は一致するはずである。天変占星術の場合は、天変を見て見ぬふりをしたり、こっそりつけ加えたりというように、まだ占星術師の意図を反映する余地があったが、運勢占星術にはまったくその余地はない。個人の生まれた時の惑星の位置は、占星術師の如何によらず定まっている。ところが、その個人の人生への影響にどういう解釈をつけるかは、占星術師の胸三寸にあるのである。

「あなたは帝王になる星の下に生まれた」といわれれば、野心家たちは誰一人として悪い気はしない。そしてその占星術師を高給を払ってやとって、ことあるごとに彼の占星術的意見をきくことになる。

ところが一方、帝王の側からすれば、いつ何時この地位が狙われはしないか、と戦々兢々たるものがある。だから、支配下にある実力者たちのホロスコープを宮廷占星術師に作らせ、もしその人物が帝王になる星の下に生まれていたなら、その男を「帝国主義的」野心を示しているというかどで、本人自身もなんのことかわからないままに、追放されたり消されたりする例も数多かった。つまり、同じ帝王になる星の下に生まれても、強い者は実際に帝位を獲得し、弱いものにはかえって不幸を招くことになったのである。もちろん誰を消そうかということも、占星術師の胸三寸で決まることであるが。

一方、民間の占星術師は、彼の占いはよく当たる、と評判になると、その筋の忌憚に触れ、追放、投獄の憂き目を見ることがある。政府直属の権威を持つ顧問占星術師が、だまって民間占星術師ののさばるのを放任するわけはないからである。君主自身もこの秘術が下じもの者のもてあそぶところとなることを喜ばなかった。

しかし、権威主義的な社会では、上の行なうところ下これをならい、文化はつねに上層階級から下層へと拡まる。政治的野心家だけでなく、上層階級の有閑夫人連にも、中産階級や成金連の商売の占いにも、ホロスコープ占星術は普及してゆく。それによって民間占星術師もうるおう。評判の占星術師パメネスは、追放中もローマの貴族たちの運勢を「通信教育」して、けっこう産をなしていた。占星術師にはエジプト出が圧倒的に多い。ついでバビロニア出が多く、ローマ人自身はほとんどない。このことからも、占星術のエジプト起源説がローマ人の間で強くなったのであろう。

天変占星術は、天下国家に関することとはいえ、じっさいは「朕は国家」である専制君主個人に奉仕するものである。それに反して、宿命占星術は、はじめから個人のためのもので、(近代的?)自我の成長の上にのみはじめて成立するものである。

太郎兵衛も次郎兵衛も個人の宿命を持っている。幸運もあれば、不運もある。民主主義の下にあっては、それらはすべて票決に参加する。そして、すべてを合わせれば中和しあって、毒にも薬にもならない結果になり、政治的偏向はあらわれない。

しかし個人の運勢でも、独裁的君主・権力者の運勢は、強い個性的偏向を持っていて容易に中和されるものではなく、天下国家に重大な影響をおよぼすことになる。ナポレオンやヒットラーの運勢は、ちょっとした革命くらいの意義を歴史に残すのである。そうした意味で、ローマの皇帝たちの運勢は公共の利害を反映するものであった。だからアウグスツスはじめ、皇帝のホロスコープは公衆に知らされることが多かった。

占星術による死の予言

人間の死期は生まれた時のホロスコープから計算される。死期を知ることは決して快いことではないが、宿命占星術の信者ならこの人生の最大関心事のひとつである自らの死期を、必らずおそるおそる計算してみるだろう。

今日ではもちろん迷信だと一笑に附せられる。人生というものはそんなに初めから答が出ているものではない。人間には自由意志というものがあって、自力で運命を切り拓ける。死期の問題にしても、星によって決められた時でなくとも、いつでも自由意志によって自らの命を絶つことができるではないか、と。

しかし、がんによって死の宣告をされたとしよう。これは科学の名における宣告である。個人の自由意志などは、「科学」の前には問題にならぬ。

占星術による死期の宣告も同じことである。占星術の信者にとっては、占星術は必然的法則の上に立つれっきとした科学である。個人がどうあがこうと、占星術の掟に反することは、ニュートンの法則に反することと同じく、まったくの不可能事である。

この死の宣告が皇帝のような権力者に与えられれば、その社会的影響も甚大である。占星術を信じたローマの皇帝たちの悲劇の例をとりあげてみよう。

ドミチアヌスの悲劇

フラビウス朝の創始者ベスパシアには二人の息子チトスとドミチアヌスがあった。兄チトスも占星術により早死を予言され、浪費乱行をつくしたというが、弟ドミチアヌスはこの予告された死から免れようと苦悶した悲壮な物語を残している。

ドミチアヌスは幼少の頃からカルデア人に予言されて、自分の死期を知っていたらしい。父帝が子供の生まれた時に占星術師にその子の生涯を占わせたものであろう。

ある日食卓を囲んでいた時、茸を喰べるのをいやがるドミチアヌスを見て、父帝は冗談まじりにいった。

「この子は茸に毒がありはしないとこわがっているけど、本当にあといくばくの生命があるか知っているのだろうか。こわいのは茸ではなくて、鉄のはずなんだが。」

鉄！　すなわち刀である。自分は暗殺される運命にある、という考えが、生涯ドミチアヌスにこびりついていた。星の告げた運命に悩まされ、つねに恐怖におののいていた。帝位についてからも悲運に対して自暴自棄になって浪費をつづけ、死への恐怖から殺りくをくりかえした。元老院が騎士を帝のボディ・ガードにつけることを票決しても、元老院に対する猜疑心から護衛を受けつけようとしなかった。帝位を奪う運勢があるとして群臣を追放し、死刑に処した。その他にも奇行の限りをつくし、民意を失なっていった。

彼の死は紀元後九六年、九月十八日第五時と予定されていた。その日が近づくにつれて、彼の憔悴は目に見えて激しくなった。彼はすべての部屋の壁をなめらかな光る石にはりかえて、その反射で背後から襲いかかる刺客も見つけられるようにした。彼も宿命を信じていた。だが、生への執着がそれよりも強かったのである。

九月十七日、いよいよその前日となった。最後の晩さんに食欲を失なった彼は、料理を食べ残して、明日もまた生きて食べられるならとつぶやいて、食べ残りを貯えておくようにコックに命じた。また近親の者に「明日になったら月は血にぬれ、世界中の人間がこのことを語り合うだろうよ」と意味ありげにもらした。その日、帝王になるというホロスコープを持ったあわれな男が帝の前に引き出された。帝はシニカルに笑ってこれにただちに処刑を命じた。

眠れぬ夜をすごした帝に、ついに当日がめぐってきた。明け方、帝の死を予言した占星術師が庭に引き出された。帝は彼に死を宣し、ただ予言した時刻が過ぎるまで、命を延ばしてやるから、よく自分の予言の当否を見とどけよ、と命じた。

刻々時が迫ってきた。厳重な護衛のもとに、帝自身も刀を肌身から離さず、第五時の過ぎるのを待った。もしその時が過ぎてもなにごとも起こらず生きつづけていたら、ああ、その時は助かるのだ！　星が嘘をついたことになるのだ。

ついに彼は緊張に耐えがたくなって、側近に時刻をたずねた。帝の心労をいとった側近は、故意に五時はもう過ぎて、第六時がはじまりました、と告げた。

たちまちにして、帝の積年の憂慮は音もなく消えさった。まずなによりもと、衣服を脱いで風呂に入ろうとした。その瞬間、刺客がとびこんで、帝を刺し殺した。まだ第五時、予定の時刻を過ぎていなかった。

刺客自身も占星術の信者であった。星の告げる時刻に狙えば、成功するにちがいない。星が保証するのだから。そう信じていたのである。

プトレマイオスの宿命占星術

紀元後二世紀、ローマ治下のアレクサンドリアの天文学者プトレマイオスの『テトラビブロス』

は、当時普及していた宿命占星術の一応の集大成であり、同時に通俗的雑占に天文学の立場から彼なりの科学的根拠をつけようとしたものと思われるが、当時すでに雑多な方向に展開していた運勢判断に合理的基礎を与えることは不可能事であった。前章の末に述べた一般自然占星術は、天体と地上の一般的自然現象をむすびつけるものであったから、まだかなりもっともらしい理屈がつけられていた。ところが個人の運勢を論じる「特殊占星術」になると、理論的に弁明できる余地がとぼしく、とくに星の位置関係の解釈になると、当時一般に行なわれていた俗説を整理したにすぎないものとなっている。

個人の運勢は、受胎か生誕の時の諸惑星の位置と、人生の特殊な時点における惑星の動きによって決定される。今日の言葉でいえば、前者は遺伝に対応し、後者は環境にあたることになる。生きとし生けるものはすべて遺伝と環境によって決定されるということである。そしてこの占星術は宿命思想の背景の上にできたものであるから、遺伝・宿命が最も重要で、これが後者の環境的要素をも決定する。ちょうど生まれた時の星の位置を知れば、後のある時点における星の位置を天文学によって正確に計算できるように、生まれた時に子供に附与された遺伝・性格を知れば彼の全生涯が決められる、という考え方である。

ひとつの生命の芽をはらんだ時、つまり受胎の時こそ、決定的瞬間である。しかし、受胎の正確な時刻を決めることはむずかしい。生誕の時刻は受胎によって決定されるものであるから、重要さの程度の上では劣るが、この世の中に登場してくる時は正確に決められるから、これをもって代用することができる。

この時刻の測定はきわめて重要である。少しでもちがえば、人生コースの予言がかなり狂ってくる。だから、日時計や水時計のような精度の悪い道具によらず、アストロラーベで天体を観測して決めるべきである。そして、その時刻における諸惑星と星座の間の位置関係（ホロスコープ）を前節末に述べたプトレマイオス流の占星術理論とかみ合わせて、個々の事例に対する処方をする。もちろん星の見えない昼間に子供が生まれても、ホロスコープは計算できるのである。

『テトラビブロス』の第三巻では、資質的、生物的な問題、つまり両親、兄弟、姉妹、性、双子、寿命、肉体的条件などを扱い、第四巻では社会的・人為的なことがら、名誉、出世、結婚、子孫の繁栄、奴隷、旅行、死因などを扱っている。

一例として両親の場合を示してみよう。太陽と土星は男性的要素が強く、故に父親と関係する。月と金星は女性であるから、母親側である。子供の生まれた時に、太陽と土星の位置が近いか、六〇度、一二〇度のようなよい位置関係にあれば、父に幸運をもたらす。月と金星の場合では母親である。

太陽や月が同じ性、同じ派に属する惑星にかこまれている時は、父や母の運勢はひらけるが、太陽、月が孤立している時は、父、母の運はかすんでくる。また火星が太陽のそばに、土星が月のそばにというように、性の合わない惑星がそばにいると、父、母に悪運を招くことになる。

天空上に「幸運のくじ」という場所がある。生誕時に東の空に上ってくる黄道上の点（ホロスコープ点という）から測ってその時の太陽から月までの距離（太陽が黄道上を進行する方向への角度）

を、取った点である。この「幸運のくじ」の場所が太陽や月とよい位置関係にある惑星と一致すると、その子供は両親の財産を相続できる。もし一致しなかったり、そこに合性の悪い惑星があると、遺産がえられなかったり、かえってそれが仇になる。遺産相続という有産階級の欲求関心の対象が、プトレマイオスの占星解釈にもいみじくも出ているのである。

もうひとつ、結婚の例をとろう。生まれた子供の占星表の上にあらわれる天体で、男の子にとっては女性の月、女の子にとっては男性の太陽が結婚の条件を規定する。男の子の占星表の場合、月が東にあれば早婚か、若い女と結婚し、西にあれば晩婚か、年上の女と結婚する。月が太陽の近くにあったり、土星と特殊な位置関係にあると、その男は生涯独身を通す。月の黄道十二宮上の位置や惑星との位置関係で結婚の回数も決められる。月が土星の前にあれば、彼の妻は勤勉で頑固、木星の前なら威張っているしっかり者、火星の前なら不羈奔放、金星の前なら快活で美しく魅力に富み、水星の前なら知的で頭のするどい女、ということになる。女の子の占星表における太陽の位置からも、同様にして婿の条件が出てくる。

夫婦の問題は二人の占星表を見合った上で決められる。両者で太陽と月が良い位置関係にあれば永続きし、悪ければすぐ離婚沙汰になる。さらに諸惑星の位置関係によって夫婦間のこまごましたことまで規定されることになる。

占星術の堕落

プトレマイオスの生きた紀元後二世紀は、まだギリシアの合理的知性の伝統が強かった。占星術を合理化しよう、組織づけよう、という彼の意図もその中から生まれたものである。ところが三世紀以後、一方ではネオ・プラトニズムの神秘思想が、他方ではキリスト教の普及により、ヘレニズム的価値の後退が起こされるのである。占星術も、その運命決定論思想が自由意志の肯定や全知全能の神の存在と矛盾するためにキリスト教徒に嫌われ、他方神秘的な考え方が混入して、科学性・合理性がはぎ取られてゆく。実証的基礎から離れ、合理性を無視して、勝手な解釈が附されてゆく。そして占星術の迷路はますます多岐にわたり、複雑になり、合理的思考を迷路に追いこんでいく。

占星術に対する法的措置

「法の天才」といわれるローマ人は、占星術をどのように法的に処理したか。紀元後十一年に占星術に対する禁令が出されている。その頃になると、占星術は相当ローマ人社会に普及し、時には政府に不都合な言動が占星術師やその顧客に見られるので、なんらかの法的規制の必要が感じられてきたのである。

しかしそれは何も占星術そのものが悪いというのではない。占星術研究という「学問」の自由は弾圧されていない。だからプレトマイオスの『テトラビブロス』のような業績があらわれたのである。

ただ、政情不安で社会的緊張が増した時には、占星術の惹き起こす社会不安をとりのぞくためになんらかの法的措置が講ぜられる。その一つは君主の運勢判断に対する禁令である。もうひとつは死の予言の禁止である。前者は政治問題化し、後者も一般的な社会不安を呼び起こす。人間死を宣せられれば、何をしでかすかわからない。街の占星術師がみだりに君主の運勢を占ったり、あるいは誰かが君主になる相があるといい出したりすると、彼の予言が暴動などを起こすふてい の輩を鼓舞することになる。占星術が高尚な科学的理論だと思いこんでいる当時のインテリたちには、占星術師の予言がマルクスのプロレタリアート革命の予言と同じような勇気づけを与え、王朝顚覆の行動への思想的支持を与えるものとなりかねない。

なかには弾圧に抗して占星術師としての「学問的」良心を守り、追放、死刑の刑を甘んじて受けたものもある。が、占星術師の中にはまた、しばしば有力者の政治的野心に火をつけ油をそそぐ政治的オポチュニストもあった。前述のドミチアヌスの死を予言したために、帝の前に引き出され、予言の時刻の過ぎたあとで死刑にするように宣告された占星術師プロクルスは、幸いに予定の時刻にドミチアヌスが刺殺されたので、一命をとりとめ、代って元首の地位に上ったネルヴァからは大金の賞をえている。占星術は為政者にとってもろ刃の剣なのである。

三世紀になると、ローマの文化は沈滞し、ギリシアから受け継いだ科学的精神も没落しはじめる。合理主義の装いをもった宿命占星術も、衰えゆく科学の後を追って没落し、そのかわりに神秘主義が台頭する。ローマ帝国の繁栄をささえ、占星術のよき顧客であった中産階級がしだいに没落し、教養の低いゲルマン人など属州人が頭をのしあげてくる。インテリにとっては宿命占星術は哲学的・科学的基礎を持つ高尚なものとして、その賛否はともかくとして、哲学的・科学的に論議するに値する対象であったが、一般大衆にとっては、単に雑多な占いの一つにすぎなかった。政府にあっても、科学的占星術と他の宗教的まじない、占いと区別をつけず、一切ともに禁じようという考え方もあらわれてきた。

宿命占星術に法的にとどめを刺したのはキリスト教である。宿命思想からすれば、一切これ運命であって善悪の区別はなくなる。全知全能の神も認めない。自由意志も認めない。これではキリスト教思想と相容れるはずがない。四・五世紀のキリスト教徒の皇帝は、政治的見地から占星術に制約を加えるのでなく、宗教的見地から、占星術思想そのものを弾圧することになった。五世紀以後西ローマ帝国の崩壊が、科学的占星術の衰退に拍車をかけ、以後千年もの長きにわたって西洋中世では占星術は弾圧され通すのである。

4　中世アジアの占星術

インドとペルシアの占星術

科学史の主流をたどってゆくと、ギリシア・ローマの次にはインドが登場する。インド科学史についてはまだ研究も不十分であるし、年代決定さえもしっかりしていない。しかし、科学的天文学とともに、ヘレニズム流の宿命占星術が入っていったことは疑いえない。インドの占いの本を見ると、人相判断その他のインド生まれの土俗的占いと並んで、個人の生誕時における惑星の位置で人生コースを決めるという、明らかにヘレニズム系と思われる占星術が混入している。

天文学の上でも初めはセレウコス朝のバビロニア天文学の影響がいちじるしかったが、やがてヘレニズム天文学にとってかわり、五世紀以後はプトレマイオス流のギリシア流天文学が栄える。占星術も初期はバビロニアの影響下にあり、やがて「ホロスコープ」占星術となる。インド占星術の特徴は、西洋の十二宮をインド伝来の二十八宿にとってかえたことである。

メソポタミアとインドとは地理的につづいていない。その間にペルシアの砂漠が横たわる。だからヘレニズムの影響はまずペルシアを経てからインドにいたる、とふつう考えられる。ところが天文学や占星術に関する限り、その証拠はどこにも見られない。だからアレクサンダー大王の遠征やその後の貿易ルートによって、バビロニアやギリシアの科学が直接インドに運ばれてきたのであろう。

紀元後三世紀から七世紀のマホメットの興隆までの間ペルシアを支配したササン朝の天文・占星でインドに影響したと思われるものはない。またササン朝以前のペルシアにはほとんど天文・占星は知られていない。むしろインドからペルシアへの影響の方がはっきり認められる。ここでは東のインド、西のギリシアの要素が混在し、黄道十二宮も二十八宿も存在する。

イスラム圏における占星術

インドの次に科学史の主流の上で大きな淵をなすのはイスラム文化圏である。実にイスラム文化こそ中世科学の担い手なのである。

中世にあっては、科学の栄えるところ、科学的占星術もこれにしたがう。イスラム圏でもヘレニズム流の哲学・科学がさかんに研究されたが、同時に精密な天文・観測の技術にもとづく宿命占星術に王やインテリたちはきわめて強い関心を寄せた。

といっても、決してイスラム教の教義が占星術とよく合うというわけではない。『コーラン』には「神以外の何者も未来を知る能わず」と書いてあるし、そのほかにも『コーラン』や他のマホメットの言葉に占星術を非難する意味合いのことが出ている。神のみぞ知る未来を人間が知ろうとするのはおこがましい。マホメットよりも星の方を信じる輩は怪しからぬ。これが正統派のイスラム神学者の見解であった。だから、その占星術批判のとばっちりで閉鎖された天文台が二つもある。

しかしなんといっても占星術は「役に立つ」。自然占星術は災害予防のためにゆるがせにできないものである。暦註占星術はとくにイスラム圏で発達した。それには二種ある。まず選択法、つまり日の吉凶を見て、旅行や作戦計画、建築の起工などの日どりを決める法である。次に疑問法、つまり失せ物の方向や、証言の真偽を暦註によって決めるものである。

これらは神のみぞ知る未来を予言する宿命占星術とちがい、日常身辺のことを決めるものだから、なにも神の領域を侵害するものではないし、日常生活に非常に有用である。だから、個人の運命に対する惑星の影響に疑問をもつイブン・シーナやナシル・ウッ・ディーンのような一流の科学者は、宿命占星術を排斥しても、自然占星術や暦註占星術の有用性は認めている。

宿命占星術は、天体の地上の個人に対する影響に基礎を置くものである。この影響は一方通行で、常に天から地へというもので、逆に地から天へ、人間から天への影響は考えられない。だから、宿命占星術によって個人の運命を知っても、その運命に対して手を施すすべもないのだから、知っても知らなくても、役にたたない。むしろ知らない方が精神衛生上よいことが多い。しかし自然占星術の方はそれによって寒波がおとずれることを知れば、暖かい地方へ転地療養もできるし厚着しても防げる。また暦註占星術でその日が旅立つのに悪い日だと知れば、出発を延ばせばよい。ところが宿命占星術で、死期が近づいていることを知らせられても、まったくどうしようもないのである。

しかしそこは煩悩をもって生まれた人間のことで、一部哲学者の論じるようには厳密に考えない。まじないによって惑星の運行を変えさせようというのは、超自然的な力を持つ魔術師の役目だが、そこまでは要求せずとも死期が近づけば祈禱師を呼んできて一時しのぎの厄払いをさせる。念仏を唱えれば一切衆生は救われる、というような宗教家もあらわれる。厄払いを認めることによって、占星術師は宗教家の商売仇にならず、平和共存できる。とにかく「自由意志」や人間のはかない努力の効果を少しは認めないと、宿命占星術の有用性が成り立たないのである。

厳密な教義の上ではどうであろうと、実際には占星術は大いに役に立つと考えられていたから、支配者・王も大いにこれを利用しようとした。イスラム圏では王に必要な側近は四人、事務のための書記、王権のPRのための詩人、健康管理のための医者と、行政顧問としての占星術師、といわれている。宿命占星術はもとより、自然占星術でも、また暦註占星術でも暦の基礎となる天体の運行を正確にとらえ、占星予報を正しくするためには、精密な天文観測と理論が必要となる。そこで占星術ファンの王は、十二世紀以来、自分の顧問占星術師のために大金を投じて壮大な天文台を建ててやり、イスラム天文学の興隆に寄与することになった。

5　中世後期・ルネサンスにおける復興

西洋の中世も後期になると、イスラム圏との接触によって科学が浸透してくる。十二世紀はアラビア語からヨーロッパ語への翻訳の世紀である。イスラム文化の浸透はまずスペインに始まり、北西ヨーロッパに伸びて行った。占星術もそれに伴なった。いや占星術の実用性からすれば、純正科学よりも先にヨーロッパ人の関心を惹いたともいえる。プトレマイオスの『テトラビブロス』は、同じ著者のより科学的な労作『アルマゲスト』や『地理書』に先がけて、十一世紀の初めにすでにアラビア語からラテン語に翻訳されていたといわれる。

中世前期に科学文化の衰退とともに占星術が消えてなくなったわけではない。民衆の中に他のもろもろの雑占に混在して俗信に吸収されている。純然たる迷信やまじないのたぐいは、衰えた文化の中でもつねに存在を主張しているが、しかし学問的に洗練された占星術となると、天文学、さらには一般に学術文化の背景があってはじめてしっかりと識者の間にも根を下ろす。占星術の浸透とともに、ふたたびその可否をめぐってインテリの間で議論が喧しくなる。これはヘレニズムやローマの先達たちが論じたものと同じテーマであるが、中世ではキリスト教信仰一般やバイブルの章句と占星術の関連が問題になってくる。

十三世紀には、キリスト教信仰をギリシア的理性によって体系化綜合化、つまり「アリストテレス哲学のキリスト教化」の事業が進められる。トマス・アクィナスはその事業の頂点に立つ。ヘレニズム起源の占星術も彼にあってはキリスト教化される。つまり星は神と人間界の仲介をなすもので、天使が星を動かしているのである。ところが一方、自由意志は厳然と存在することも認めている。どこまでが自由意志の支配する領域で、どこから先が運命・必然の支配するところか、その境界をめぐってスコラ哲学者の間で論議がくりかえされる。すべては運命の星によって律せられるという占星術師側と、自由意志も奇蹟の存在も完全に認め、信仰がすべてであるとするオーソドックスなクリスチャンの両極端の中間に、これらのさまざまの議論は位置づけられる。一般には、自然科学に近い自然占星術は承認されても、宿命占星術の運命決定論の方は自由意志の問題にひっかかって容易には認められなかった。

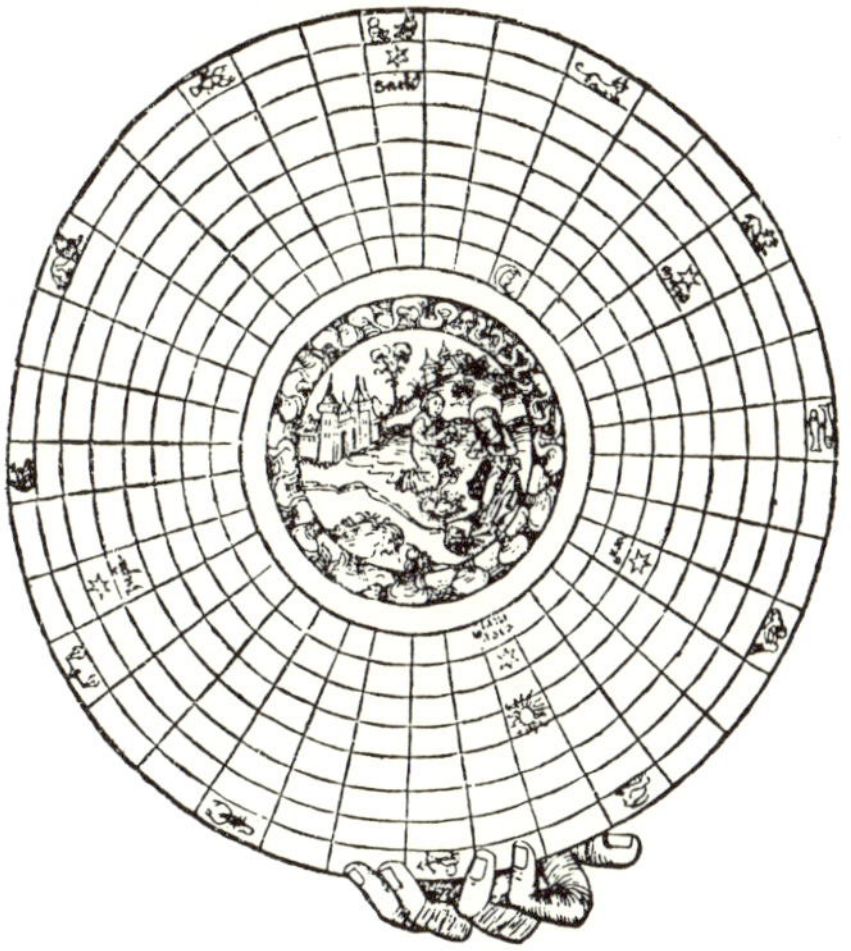

イエス・キリストのホロスコープ（ルネサンス期のニュールンベルグの版画）いちばん外側に12宮を配し，それから内側に順に土木火日金水月の天球上に各惑星を位置づけている．ホロスコープを握る手は神の手である．

第11図

　しかし、占星術に反対する方が必ずしも今日的な見方からして科学的だったとはいえない。神の意志や奇蹟が幅をきかしてくると、科学的法則の方は影がうすくなりがちである。占星術賛成の側にむしろ科学的な議論が少なくなかったともいえる。

占星術そのものの本質については、いくら議論しても教会側の忌憚に触れることはなかったが、キリストの教えに直接触れることになると、当局の眼が光る。十四世紀イタリアのチェッコ・ダルコリはキリストのホロスコープを計算した。キリストの誕生日は今でもはっきりしないが、彼はそれに適当な日時を入れてそれからキリストの十字架にかかる日も計算して出した。そして一三二七年のフィレンツェの異端審問にひっかかって、不敬罪のかどで火刑に処せられた。しかし彼は異端として罰せられたのであって、占星術師としてではない。キリストの生誕も受難も星のせいにして、キリストの自由意志を認めなかったことが、教会側の気に喰わなかった点である。

ガリレオを苦しめたかの宗教裁判の記録は、今も法王庁の奥深く秘められて、公開されていないが、現在見られる資料から判断すると、占星術師を教会領から追放するおふれが時どき出されている。しかし占星術対策は首尾一貫したものではない。その時どきの政治的・社会的情勢に応じ、また時の法王の好みや判断に応じて変ってくる。そして占星術の弾圧が宗教裁判の中心問題となったことはかつてなかった。たしかに占星術の基礎にはキリスト教の教義と相容れないものがある。ただ教義上のことだけなら、泰平の時には占星術師の活動は大目に見られる。しかし宗教改革の嵐が吹き、印刷術の普及とともに暦註占星術などが民間に拡まると、一介の街頭占星術師といえども、一朝ことあらば、社会変動の波に乗って、革命のリーダーと化するおそれもある。当局の側からすれば、民衆に影響力ある占星術師は、要注意人物としてその言動をマークする必要があったのである。

時と場所によって異なるが、教会側の禁書目録に、プトレマイオスの『テトラビブロス』のような「学問的」な著作、自然占星術に関するものが載せられることはあまりなかった。むしろ一般に普及している迷信的な著述が危険視され、発禁となったのである。ルネサンスのヒューマニストは占星術には概して好意を寄せていた。そしてイスラム時代のアラビア語の占星術書よりも、その根元になるプトレマイオスのギリシア版『テトラビブロス』に帰ることが主張された。プロテスタント派の占星術に対する態度は、カトリック側ととくに変る点はない。占星術は宗派に超越した中立的な位置にあったのである。

十六世紀後半にもなると、占星術をもっと科学的にしようとする努力がなされ、自然占星術のウエイトが大きくなる。そして十七世紀を経て十八世紀には占星術が思想界から追放されるのは、権力による弾圧でも、宗教上の教義問題からでもなく、科学によってとどめを刺されるのである。

6　占星表の作り方

星が生まれて東の空にあらわれ、やがて子午線を横ぎり、そして西の空に沈んで死滅する。こういう原始的観念を背景として、子供の生まれた時に東の空に上る星はその子の性格を決定し、中天にかかる星は活動期を、西に沈まんとする星は死期を予言する、というような考え方が出てくる。

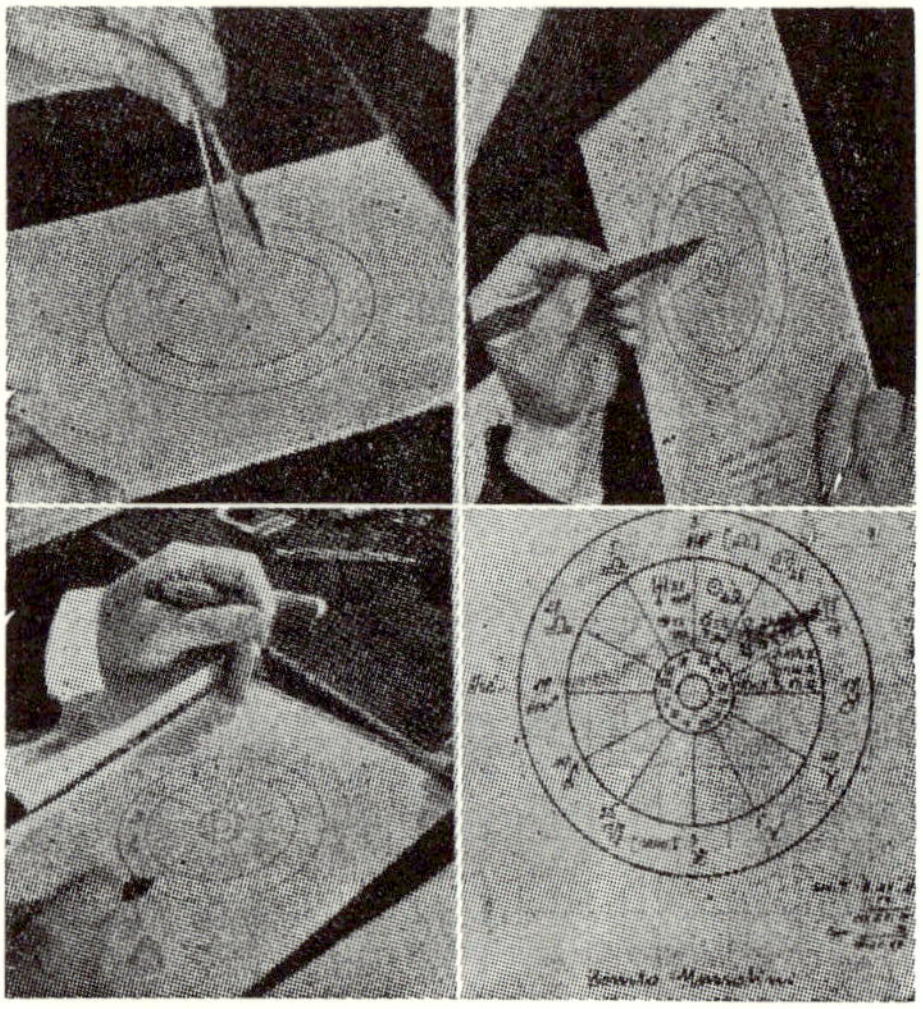

左上　まず同心円を描く．
右上　中間を四つに分けさらに12に割る．
左下　周囲に12宮記号と舎を入れる．
右下　生誕時の惑星の位置を入れる．
（これはムッソリーニの惨死を予言したホロスコープである）

第12図

生まれた瞬時の黄道上の星座を、東、西、上、下（地下で見えない）の四つの区域に分かったり、さらに八つ、十二と分かって、各部分を人生の一時期や一問題に割り当てる、という考え方も出る。十二の区域（位）に分けるやり方はプトレマイオスにもあらわれているが、それが組織化されたのは、四世紀シシリーのフィルミクス・マテルヌスの頃である。ふつう行なわれた対応づけは、第一舎は生命、第二舎は財産、以下兄弟、親、子、健康、妻、死、宗教、帝王、善行、牢獄という順序である。

以後、今日にいたるまでの西洋の占星術の発展は多岐にわたるが、その出発点であり、根本的な要素はこれまで述べた三つである。すなわち

(1)　黄道十二宮　(2)　生誕時の十二位　(3)　日月諸惑星の位置

⑴の黄道十二宮は天球に固定して日々回転するものであるが、⑵の十二位は生まれた時刻における地平線と黄道の関係によって決まるものであるから、時々刻々変化する。

今日の占星術師は第12図のようにコンパスで同心円を描き、それを時計の文字盤のように十二の部分に分けるが、昔はコンパスを使わず、第13図のような四角形で十二位をあらわし、その上に諸惑星を位置させた占星表を使った。そのなかで内側にある四つの舎Ⅰ、Ⅳ、Ⅶ、Ⅹはとくに重要である。これは、生まれた時に上ってくる位、真下にある舎、沈んでゆく位、頭上にある位の状態によって運勢を判断するという初期のホロスコープ占星術のなごりである。

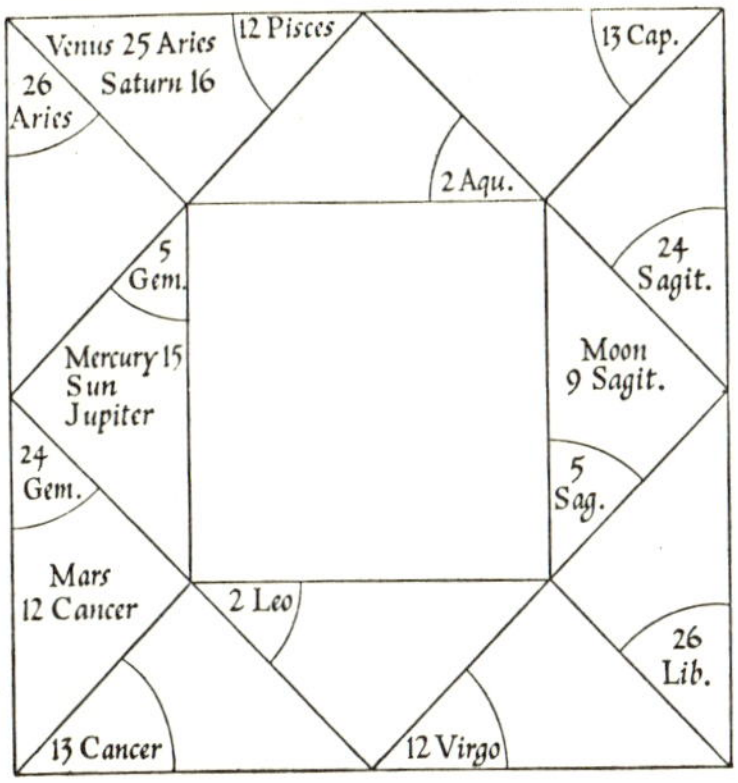

チョーサーが1392年に作ったといわれるホロスコープ
第13図

以上述べた基本的な占星表の作り方は、どの占星術師にも共通のものであるが、その個人の運命に対する解釈は各占星術師の腕にまつところであり、各人各様の流儀があってここに妍を競い、予言が当たった当たらぬと同業者間の競争となるのである。

「厳密」な占星術師は、十二位に分けることでは満足せず、黄道を三六〇度に、さらにその上に各分にまで分けて、細かい差違も無視しない。このように分けられると、鼻の形や持病の種類など人生の些細なことがらまで三六〇通りにも、あるいはそれ以上にも規定されるのである。こうしておけば、ほとんど同時に生まれた二人の子供の運勢のちがいも区別がつく。

また「哲学好き」な男は、惑星、宮、位にエンペドクレス流の四原素を配当して、「哲学的」な解釈をつける。火の元素は、熱情的で暖かく発展的な性格、地はやや冷たく独立心強く実際的というのなら、なんとなくわかったような気もするが、空気は知的だそうである。水は情緒的だそうで、おそらく泣くと涙が出ることから類推したものだろう。いずれにせよ、ねずみ年だからねずみの性格に似てちょこまかするというのと、五十歩百歩である。

「実証的」な流派では、古今東西の有名人の占星表を広く蒐集して分類整理しておき、お客があった時に、その客の占星表といちばん似ているものをコレクションからひき出してきて、その人の運勢を占う。誰しもあなたの運勢はクレオパトラやナポレオンに似ているといわれて、悪い気はしないだろう。その終焉の悲劇はともかくとしても。現在でもよく繁昌するインドの占星術師はこの方法を用いているが、いずれにせよ「浅野内匠頭は六月生まれだから短気だった」と大道でやっているテキヤの類とあまり変らない。

実際においては、生誕の時の日月諸惑星の位置を計算して出すのは、かなり高度の天文知識を必要とする。子供の生まれた時の星の位置を観測して出すには、玄人の天文学者をやとっておいて、陣痛が起こったらすぐ空を見張らせねばならない。これは王侯でないとできることではない。子供が生まれた時に、ちょうど今日出生届を役場に出すように、親達は子供の将来を気にして街の占星術師に相談に行く。すると、占星術師は子供の生まれた時刻を聞き、その時刻にさかのぼって惑星の位置を計算するという面倒なことをしなければならない。街の占星術師にはそんな実力はないから、ここで彼らは簡便法を編み出す。

ホロスコープ作成の簡便化

すべての天体のなかで、太陽が最も大きな支配力を持っている。太陽は一年に黄道上を一回転する。子供の生まれた日に太陽のある黄道上の位置は、季節によって決まっている。一年は三六五日だから、黄道十二宮のおのおのに太陽の止まる期間は三十日あまりである。だから何月何日から何月何日までは太陽はどこの宮にあると決められる。そしてその宮の生まれの子供はどういう性格を持つという解釈をつけておけば、ただ子供の生まれた月日を知ればその子の運勢が占えることになる。

天文学的にいえば、季節による黄道上の太陽の位置は、歳差という現象によって、少しずつずれてくる。約二万六千年の周期で赤道と黄道の交点である春分点が黄道上をひとめぐりするのである。だから、たとえば春分の時の太陽は、バビロニアの頃には白羊宮にあったが、中世には雙魚宮に移っている。しかし大部分の占星術師はそんなことにはおかまいなしで、昔ながらのやり方を墨守していた。つまり彼らの占星術は、天体の運行やその観測に無縁になっていたのである。

太陽がどの宮にあるかということは、月日で決まるのだから、これを暦の上に書きこんでおけば、占星術師をわずらわすまでもなく、素人にもわかる。それも面倒になれば、何宮生まれよりも何月生まれということで運勢を出すようになる。

惑星の運行になると、太陽よりもはるかに複雑である。そこでもっと大胆な簡便法が導入されることになった。プラトンより少し後から、ギリシアの宇宙論では惑星の距離は地球から遠い順で、土星、木星、火星、太陽、金星、水星、月の順序になっていた。そこで一日二四時間をこの順序で各惑星に割りふることにする。さて、第一日の第一時間目は土星が支配するとすれば、第二日の第一時間目は太陽、次いで三日目は月となり、以下火水木金という順序で一週間になる。これが今日の週の順序の起源である。中国や日本にも仏典の中で木火土金水の五行説による順序がヘレニズム占星術の影響を受けて西洋の週の順序にきりかわるのが認められる。週の各日と惑星の対応がつけば、火曜日生まれの人は火星の、木曜日生まれの人は木星の支配を受ける運勢になる。その他いろいろの暦にまつわる循環指数を暦の上に書きこみ、これによって運勢を判断する方法を暦註占星術という。日の吉凶の観念は、占星術の発達する以前のエジプトやヒッタイト系にも存在するが、これが生年月日と結びついて個人の運勢を規定することになったのは、ヘレニズム以後である。

こうなると、もう占星術は天文学と関係しない。プトレマイオスにあっては、惑星と人生の間の物理的因果関係をつきとめようとしたが、後世では惑星を抽象化し、単なるシンボルとして扱い、占星術は天体の運行と密接して起こったという起源を忘れ去って、抽象的な机上の空論となる。天文学の応用でもなく、また天文学の発展に貢献するものでもなくなる。

7　占星術批判の四つの型

ヘレニズムやローマにも識者の間で占星術の批判があったが、イスラム圏、西洋中世で占星術がさかんになると、それに比例して痛烈な占星術批判も多くあらわれる。ここらで占星術批判について、まとめておこう。これらの批判を四種に分類して考える。

(1) 現象的・実用的批判。ある特定の占星術師の予報が当たらないと、公衆は、その占星術師を信用しなくなる。この種の批判は、庶民階級のもので、批判は個々の占星術師の能力に向けられ、占星術そのものの本質に向けられた深刻なものではない。

ある男が、何月何日に大洪水が起こると予報した。民衆はそれを信じて山に待避した。ところが当日は何も起こらなかった。そこでその男は人びとの嘲笑を買い、まわりの人に顔向けできなくなって、町から姿を消した。

ある占星術師が商売を終えて家に帰ってみると、女房が見知らぬ男を引き入れて姦通の最中であった。占星術師はびっくりして大声をあげた。すると件の男は平然としていった。「お前は占星術師じゃないか。自分の女房の姦通さえも予測できないのか。」

占星術師にまつわるこういった笑話はいたる所に残っている。占星術は他の魔法のたぐいとちがった高尚な科学的基礎を持ち、誰がやっても同じ結果にいたる普遍性のあるもの、という認識はない庶民の感覚からすれば、占星術師は常人の持たない特殊技能を天賦されている異常な人間ということになり、その期待が裏ぎられれば、おかしみが発生するのである。

(2) 実証的・科学的批判。地上の事件も何かしら天からの影響にしたがうにちがいない。ところがそれはそう簡単に一般化法則化できるものではない。しかしいつの日にか、天体の地上への影響を科学的に立証できるだろう。ただ現在の占星術の理論や技術ではそこまでいっていない。このように占星術の現状に対する不満にもとづく「建設的」な技術批判がある。これは科学者から発せられる批判で、とくに自然占星術を対象とする。

(3) 理論的・方法的批判。これは占星術の学問の本質、方法的基礎に向けられたものである。宿命の本質、宇宙論的基礎、その論理性、合理性等々、主に占星術的解釈の意義に向けられたもので、哲学者から主として発せられるものである。宿命占星術はとくに鋭い批判の対象となった。

(4) 思想的・イデオロギー的批判。占星術が当たるか当たらぬかはともかく、占うという行為そのものが自由意志や神の尊厳をおかすものである。だから占星術そのものが怪しからぬ。こういう批判は宗教家、神学者から出る。占星術がばっこすると、迷える小羊たちはみな占星術師のところに相談に行き、教会に通わぬようになる。占星術は宗教の敵である。

以上のうち(1)の批判は現在なおつづいている。(2)、(3)はギリシア・ローマから十七世紀ヨーロッパにいたるまでトップ・レベルの科学者・哲学者の間でさかんに論じられたが、近代科学が成立すると、批判の意義も失なわれて十八世紀以降になると姿を消している。(4)の批判はとくに中世キリスト教教会によって取られた立場である。

今日でも天気予報が当たらないのは、予報官のせいだと考えられていて、当たらないから気象学なんかやめてしまえ、という暴論は出ない。気象学自体は科学として絶対に正しいものと確信されている。

同様に(1)のような場合は、占星術師の予報が当たらない時は、その占星術師の腕が悪いのであって、占星術そのものは絶対に傷つかない。信者というものは有難いもので、当たりはずれはあっても、占星術自体の御利益は鼎の軽重を問われることはない。だから占星術は、今日にいたるまでいまだに命脈を保っているのである。

(2)は占星術改良のための批判であるから好意的、(3)は懐疑的哲学者のそれで中立とすれば、(4)は初めから占星術を攻撃するための批判である。

8 太陽中心説下の占星術

一五四三年には有名なコペルニクスの『天体の公転について』が出て、太陽中心説が唱導される。しかし、地動説は占星術には直接関係しない。コペルニクスの著書は純粋に天文学的なとり扱いのもので、占星術については何も触れていないが、その解説者レティクスは占星術に熱心で、地動説の基礎の上に占星術を置こうとする。すると、今まで人間の運命に影響するのは星の運行と考えられていたものが、今度は地球の運動がその主原因となる。またある論者によると、地動説では、月は地球の衛星で、惑星とは種類のちがったものであるから、月と地球の位置関係は占星術的意味を持っても、月と諸惑星の位置関係は占星術的意義を失なうことになる。一方、地球も惑星のひとつとなったのだから、惑星なみに人間の運命を支配するものとして、とりあげられるようになる。

ケプラーと占星術

コペルニクス説唱導の一方の雄であったケプラーは、ケプラーの三法則の発見という天文学上の大仕事をなしとげると同時に、ヴァレンシュタインのためにホロスコープを作った占星術擁護の最後の大人物である。

ケプラーが天文学と占星術の関係を説明するのに「占星術は天文学のおろかな娘であるが、その娘の娼婦稼業で親の天文学は養なわれている」といったのは、よく引用される言葉である。天文学者として名声あるケプラーに対しても、当時の世人の求めるものは、天文学よりも占星術であった。顧客の求めに応じてホロスコープを作ってやることは、天文学の応用の片手間仕事で、パンかせぎのためのたいくつな事務であり、学問的興味をそそるものではなかった。やむをえず身を落す彼の自嘲が前述の言葉によくあらわれている。

しかし、彼は決して学問的良心をゆがめたわけではない。占星術の合理的・科学的基礎を真剣に考えていたのである。

生命の能力は誕生のさいに点火される。その瞬間、天体の光がその生命の中へ流入し、深く成長して行き、調和を形成する。その光には一方に太陽の暖かさのような自然的なものがあり、他方には星のように理性的なものがあって、これらが共働し、ミックスし、またある位置関係によって共鳴を起こす。

このような天体の影響からは、プトレマイオスの『テトラビブロス』に述べるような、両親、子供、財産など細かいことについて正確に説明することはとてもできないが、人間の幸福の依存する三つの要素、性格、肉体的条件、守護神を決定する。星はこの生誕時の生命の覚醒にのみ作用し、その後の人間の成長にはケプラーは自由意志の存在を認めている。彼は星宿決定論をとらない。そして気象現象はまったく地上のものと解釈している。

ケプラーやガリレオ、デカルトなどの生きた十七世紀のヨーロッパは、近代科学成立への胎動期であった。今日、科学史家が「科学革命」と呼ぶ時代である。この間に実験・検証により、正確な知識をうる科学的方法が確立しつつあった。それと同時に占星術批判も強まった。

この近代科学の方法によると、占星術は論理的に否定される、というのではない。ただ近代科学の方法では人類の運命に対する星の影響のようなあいまいなことは、説明できないのだ。なまずと地震の関係は近代科学の方法では立証できない。占星術も同じである。立証できないものは科学的に無意味である。占星術のデータをいくら集めても、実りある結論には達しえない。つまり占星術は科学的に否定されたのではなく、科学的に扱えない、とみなされるようになったのである。

十七世紀の近代科学の成立の最大要因をなすものは、力学的自然観の成立といわれるものである。力学的自然観とは、自然現象はすべて質量と運動、つまりすべてを力学的要素に還元して自然を観るべきだ、という考え方である。色や匂いのような感覚的要素は個人的主観が混入し、あいまいなものであるが、これらを質量と運動のような、誰が見ても同じ普遍性を持った本質に引きなおして初めて、科学的に扱える。そうなると個々人の運命などは科学的レベルに引きなおすには迂遠にすぎる。星が人の運命に影響する仕方を、質量と運動に還元することは、容易なことではない。だから占星術を科学にすることはほとんど不可能である。

十七世紀も末、ニュートンの頃になると、科学的な考え方が思想界に根を下ろして、インテリの間では占星術の株は下る一方になる。ニュートンの言葉の切れっ端をつかまえて、ニュートンも占星術を信じていた、と鬼の首でも取ったように喧伝する占星術師が今もいるが、真偽のほどはすこぶる怪しい。そして「理性の時代」といわれる十八世紀に入ると、啓蒙主義者の努力もあって、占星術は一般の間でもすっかり人気を失なうのである。

9　中国の宿命占星術

さて、西洋とは独自に発展した中国の文化の中では宿命占星術はどのような地位を占めるであろうか。

運命思想というものは、中国にもギリシアにおとらず古くから存在した。しかし、それからホロスコープ占星術に発展するには、中国天文学では惑星の運行の知識が貧弱にすぎた。それに生誕の時の惑星の位置によるヘレニズムのホロスコープ占星術は、きわめて特殊な発展をしたものであって、同じような条件がそろっていればどこにでも発生するというものでもない。だからヘレニズムの影響の圏外にあった古代中国に西洋式の宿命占星術が存在しなかったからといって、なにも不思議なことではない。

暦註による運勢判断

一方、中国ではごく最近まで古代からの太陰太陽暦という種類の暦を使っていた。これは日本でもまだ田舎の方で行なわれている旧暦のことで、月の満ち欠けの位相で日付をあらわすものである。一年には月の満ち欠けが十二回ある上に半端な日数が残るので、それがたまって季節の変化からずれそうになるともう一月余分の閏月を置いて、一年の長さと月の満ち欠けの周期との間を調整する。それに対し西洋で古くから使われ、今日われわれが新暦とよぶ太陽暦は、月の満ち欠けを無視して簡便化したものである。新暦のカレンダーは子供にでもできるが、旧暦になるとかなり複雑で、専門家の手をわずらわさねばならない。そこで中国天文学は暦を作るための暦算天文学として発達した。太陰太陽暦を作るには、月と太陽の運行だけをにらみ合わせればよいので、惑星に対しては関心が乏しいが、天変占星術では惑星の離合集散が問題になるので、惑星のだいたいの運行もひとどおり研究されていた。

天体の運行に規則性があることが認められれば、天変占星術の天変も周期的におとずれることが考えられる。天災は忘れた頃にくるから、忘れないように天体の周期的な動勢を暦の上に書きつけておく。これには天体の運行を予測しなければならないから、暦算天文学がある程度発展して初めて可能なことである。一方古くから中国には讖緯（しんい）思想とよばれる擬科学的思想があり、運命や「えんぎかつぎ」が学者の間で論じられていた。この考え方と暦算天文学の発達が結びついて、三世紀の頃には暦数、暦運を説く一種の宿命占星術があらわれた。そしてさらに印刷の普及とともに暦註による運勢判断が一般に拡まっていった。

これもある人間の生誕の日付の暦註をもってその人間の運勢を占うものである。中国では年月日を甲子や丙午というような干支であらわすが、これを五行や九星その他の暦の上の周期的標示と結びつけ、さまざまな解釈をつけるのである。これはもはや正確には占星術とは呼べない。今日、縁日で香具師が九星術を説明して運勢暦を売りつけているが、彼らは全然天文学を知らないし、また天体を観測する必要は毛頭ない。すべては暦の中に書いてあるからである。

この中国式暦註による運勢判断が唐宋時代にまとまったのが、占い師のいう四柱垂命説である。四柱とは生年月日と時刻の四要素でその人間の生涯を占うことである。

唐代は中国に西域の文物がさかんに入ってきた頃であった。だから九星説・四柱垂命説も、もとは西洋のホロスコープ占星術に影響されて、それが中国式に発展したものであろうと考える人もある。たしかに唐代には占いがはやりそうな雰囲気があったであろう。しかし実際にテキストの内容を見てみると、全然西洋くさいところがない。たとえば、唐代の『李虚中命書』を見ると、六十干支のひとつひとつに対して、易や五行説をあてはめて純中国式に解釈してある。

東京大学に天文学科という専攻課目があるが、以前は星学科とよんでいた。もちろん近代科学的天文学を研究するところである。ところが星学というのは星命之学ともいって、もともと個人の運勢を占う学問であったようである。明代に『星学大成』という著があったが、すべてこれ運勢を扱うもの、しかも星学といいながら、天にきらめく星とはすっかり関係がなくなってしまっていて、もっぱら木火土金水の五行や易の用語をあやつって解釈をつけるものである。

仏教とともに伝えられた西洋占星術

西洋のホロスコープ占星術の影響はちがった系統にあらわれる。それは仏籍である。

中国に仏教が伝来するとともに、西方の占星術がもたらされた。紀元後二三〇年に翻訳された『摩登伽経』の内容は、インドの二十八宿を中心とした占星術であるが、ヘレニズムのホロスコープ占星術のように整理されたものではない。天文学的内容もギリシア以前、つまりバビロニアの天文・占星の影響がインドやイランあたりでその土地の雑占と混交して、中国に入ってきたものと思われる。

ホロスコープ占星術の影響をはっきり指摘できるものは、隋唐の頃の仏典にあらわれる。その代表的なものは八世紀に中国訳された『宿曜経』である。これにはまぎれもなく西洋流の宿命占星術が説いてある。たとえば人馬宮に生まれた人は、財をなし、将相の任に当たる相がある、という工合になっている。そしてホロスコープの作り方、計算の仕方も述べてある。

下って明代に『天文書四類』の名で占星術書が刊行されているが、四類とはギリシア語のテトラビブロスを指すもので、イスラム時代の『テトラビブロス』の注釈書を中国訳したものと考えられている。

このように、中国文化圏の中にも西洋流の占星術が伝わったことはあきらかである。日月諸惑星の毎日の二十八宿上における位置を計算して書きこんだ七曜暦が中国・日本に残っている。これは純天文学的なものであるが、もともとホロスコープ占星術に使うために発生したものと考えられる。

しかし、こういう西洋流のホロスコープ占星術がどれほど中国文化圏の中に根を下ろし、勢力を持つようになったか、それはすこぶる疑わしい。隋唐の頃、西方からホロスコープ占星術が入ってきた頃には、すでに中国では九星術その他の暦註による運勢判断の術がかなり根を張っていた。だから西洋占星術は固有の運勢術を駆逐して主流になることはできず、むしろ断片的な占星知識が雑占の形で伝統的迷信の中にくり入れられてゆく。

それに、西方の占星術はその天文学と相携えて中国に入ってきたのではない。プトレマイオスの『テトラビブロス』では、占星術を科学・天文学の立場から扱ったが、仏典の中に混って入ってきた西洋占星術は、密教儀式の一端としてもたらされたのである。だから坊さんたちが占星術を拡めようとして天体を観測したというような話はあまり耳にしない。真言密教の建設者の一人として高野山根本中堂に大きな額のかかっている一行のような、天文・暦学史上の大人物は例外である。せいぜい暦註の計算をするために、多少の暦算天文学の知識を持つくらいで、ふつうは星祭りのような密教占星法にともなう儀式の方を重視したようである。

だから、伝統的な運勢判断も、また西方から入ってきた占星術も、中国文化圏にあっては、ほとんど天文学と没交渉であった、と結論してよい。

第三章　日本の占星術

1　王朝期の占星術

天武天皇は大変な占星術ファンであったらしい。『日本書紀』の天武天皇の所に、「四年正月庚戌、初めて占星台を興す」とある。紀元六七五年のことである。

これをもって日本の最初の天文台設立の年だと書いてある本がある。たしかにそうかもしれない。しかしもちろん近頃の天文台のように望遠鏡がすえつけられてあるわけではない。おそらく見通しのよくきく高台に櫓か何かをとりつけて、占星役人に夜空を見させていたのであろう。だから天武天皇の代には特別に観測記録が多く残っており、またその叙述が詳しい。ここでいう占星とは、もろこしから伝わった天変占星術のことである。占星台の設置はもちろん政治上重要であったからであろうが、天武天皇自身、占星術やその他の占いが得意で、壬申の乱の時には天文占術を大いに活用している。

中国との文化的交流がひらける前にも、土俗的な民間信仰のなかに、星占いに類するものがあったかもしれない。しかし、占星術と呼びうるまとまった形体を持った知識ができたのは、やはり大陸文化が入ってくるようになったからで、初めはむしろ中国式のやり方をそっくりそのまま真似しようとしたのである。

おそくとも六世紀には朝鮮からの朝貢の中に占星術の本がまじっていた。『日本書紀』によると、推古天皇の代、六〇二年に、百済の僧観勒が日本にやってきて、暦本、天文地理書、遁甲方術の書をみつぎものとして差し出した。そこで朝廷は朝鮮からの移民の子弟にこれらの学問を学ばせた、とある。天文とは中国式の天変占星術、遁甲・方術は後に忍術使い達の学んだような一種の占いや魔法である。

官僚制度の中の占星術

さらに、中国本土との交渉が密接になると、日本は中国の官僚制度を真似しようとする。天文・占星の役人は中国の宮廷官僚のなかではきわめて重要な位置を占める。だから中国の制度を真似る時、占星術の役職も単なるアクセサリー的存在としてではなく、必要不可欠なものとして官僚制度の中に含まれていたのである。

天文や占星のことをつかさどる役所である陰陽寮の名は、天武天皇の時に初めて記録に出てくる。この官制が整備するのは、紀元七〇二年の大宝令施行以降のことであろう。『令義解』によると、陰陽学の長官は陰陽頭で、その下に陰陽助（副長官）以下の事務局員が四人いる。

教職としては、占い一般を教える陰陽博士、暦を作りまた学生に教える暦博士、天変占星術を教え、同時に天上に異変があれば宮廷に報告する天文博士が各一人に、水時計を管理して報時をつかさどる漏刻博士が二人ある。博士というのは、今日の学位とはちがって、教授職のことである。陰陽頭が大学の学長のようなものとするなら、博士は各専門の教授に当たる。

その他、占いの技術職の陰陽師、水時計管理の下役人や各専門の学生をすべてふくめて、八八人という世帯である。

日本がモデルとした唐の制度とこれをくらべてみよう。『唐六典』によれば、陰陽寮に対応する太史局には、太史令以下優に千人を越える人員をかかえた大世帯で、時刻を知らせるための鐘叩き二八〇人、鼓叩き一六〇人とある（おそらく首都だけでなく、地方の街々にあった出張所の定員も含めての数であろう）。しかもこの太史局は造暦や報時、占星などの天文学に関係する問題だけを担当し、占いの方は別に太卜署に属する卜博士など九〇人程の陣容を持っていたのである。

もちろん中国全土を統一し、隆盛をほこった隋唐の制度と、その真似をして作った日本の陰陽寮とでは、その規模において比較にならない。さらに、この大宝令制はただ官制上の定員を示しているだけで、実際にそれだけ人材がいたかどうか疑わしい。事実、陰陽頭が博士を兼ねる例はいくらもある。この道は必らずしも官僚としての出世コースではなかったらしく、後につづく若手後継者の獲得が思うにまかせなかった。しかし国家の要道なので、とくに奨学金を出して奨学の道を講じる、という詔が出たこともある（天平二年）。

朝鮮では忠実に唐制にならい、ただ規模を小さくした太史局を持っていたようであるが、日本の陰陽寮は唐の原型と少々色合がちがう。唐令では別の管轄になっていた易占・式占のような天文と関係のない占いも、日本では陰陽寮の中に含めてしまい、寮内では科学的な部面よりもむしろ占いの方が幅をきかしていた。また暦は中国で使っているものをそのまま採用し、造暦に関してもただ借りてきた理論を消化して翌年の暦を作ったり、日月食の予報ができる程度に達すればそれでよく、自らの力で造暦理論を改良していくことなど思いもおよばなかったであろう。時刻を一般に知らせて民衆にサービスする仕事は、下っ端役人のやるルーティン・ワークで、政治権力と直接結びつかない。ところが天文占（天変占星術）になると、君主の利害に直接関係する国家の大事である。ただ天変占星術は、天変のあらわれた非常時にのみ役に立つものである。必要に応じて占えるものではない。イニシャティヴは天にあって、君主の側にはない。そこで日常の政務をとるうえに判断が必要とされる時は、易や遁甲術にたよる。これはいついかなる時でも筮竹や式盤を取り出してきて占える。だから常時役に立つものである。

日本では輸入文化の悲しさで、中国のように独特の暦算天文学を発達させたアカデミックな伝統はないから、さしあたって直接役に立つ「応用科学」、すなわち占いの実利性にのみ気をとられたのである。

占い繁昌の国内的な理由としてはつとに推古朝から政府が陰陽卜筮の学、陰陽道を利用しようとしたことがあげられる。これは仏教儒教にくらべて儀礼的形式的な面が強いため、真似しやすい。

その上に蘇我氏の担ぎ出した仏教に対抗する必要もあった。そこで、国家の体裁をととのえ、権威づけをするための儀礼として、陰陽道を役立てようとする。四方拝のような儀式も陰陽道から起こってくる。

中国から制度を入れた当初は、中国の中央教育機関で採用されていた教科書が陰陽寮のテキストとして学生に課せられた。天文生に対する『史記天官書』、『漢書天文志』、『晉書天文志』、『三色簿讃』、『韓楊天文要集』、陰陽生に対する『易経』、『五行大義』、『新撰陰陽書』、『黄帝金匱』はすべて権威ある書である。占いのもとになる本とはいえ、『易経』は今にいたる古典であるし、『五行大義』も筋の通った中国流の自然哲学にもとづいている。隋唐時代にはまだまだ素姓の知れない雑占のたぐいの本がたくさんあった。しかもこれらには占いの基礎になる哲学や原理はいい加減にしておいて、ただ雑多な応用例ばかりかき集めたようなものが多かった。しかし、陰陽寮に入ってきたものは、中国の政府との公式の文化交流のルートを通じて導入されたものなので、雑占のたぐいは淘汰されていた。

律令時代の教育制度は、一応隋唐の考試制度をまねて、機会均等の原則の上に試験によって秀才を選び出し、官僚組織の中に吸収しようとするものであった。しかし実際には要職は豪族・貴族の子弟によって占められる。下っ端役人の職に対してなら庶人の出でも頭の良い子にチャンスがひらけていたが、出世コースもある程度で頭打ちになる。陰陽寮でも従五位下の陰陽頭は貴族の末席につらなり、その息子は官僚コースで初めから貴族階級に入るフリー・パスが与えられている。ところが庶民の子供は試験に通っても下級職からスタートし、貴族階級の仲間入りする道は閉されていた。

そのうえ陰陽寮関係の仕事、天文、占星の器具・資料は国家機密であり、みだりに公けにできない。だからその学問を公開討論にかけて批判を受け、発展させる機会はない。民衆の政局批判意識が陰陽道で強化されることを恐れた政府は、民間における陰陽道の利用を邪教の名で弾圧し、特権階級の手に確保しようとした。だから外部の者にはわからない秘法・奇術となってゆく。

2 宮廷占星術の衰退堕落

世襲化する天文・暦道

平安朝に入って藤原氏が権勢をきわめ、さらに遣唐使も廃止せられる頃には、律令制も形骸化し、学術一般が世襲される傾向になってきた。陰陽寮関係の学統も、十世紀の賀茂忠行頃から賀茂家の家学となり、さらに安倍晴明が出るにおよんで、安倍・賀茂両家が分掌することになった。学問の衰退の時期には、世襲化することによってほそぼそながらも家学として学燈をたやさずに後世に伝える、という利点はあるにせよ、これでますます秘伝化の傾向が強くなったのである。

安倍・賀茂の二家に分かれる時のことで、面白い話が伝わっている。貝原篤信の『官位訓』によると、

「天文暦道の事を不合の沙汰する人有、其のはじめをしらずと見へたり、陰陽道昔は一家として両道を兼たり、しかるに加茂保憲といふ名人、天文道を以て安倍晴明に授け、暦道を息子光栄《みつよし》に譲る、是より両道にわかるるなり、それ天文といふは、天地災変雲気非常の怪みある時、其様子を見て是は吉瑞、是は凶兆と明らむ役也、されば此見立は凡人の及ぶべきにあらず、又暦道は年年の暦を沙汰する、是は算数を以て致す所也、加茂保憲名誉の達人なれば、我子の光栄に天文をさずけたくは思ふらめど、器量及ばざるがゆへに、暦道ばかりをさづけ、弟子の晴明に大事の天文道をあたへられ侍るは、晴明が器量抜群すぐれたるがゆへなり、まことに保憲我子の愛にをぼれて、天文を光栄に譲らば、天下国家の為ならず、家の瑕といひ、誹りを後代に残すべきに、正道のはからい、後世に恥ずとかや、去程に晴明は古今無頭の神人にて、其子孫泰親などいふも希代の博士にてありし也、此泰親は加茂の社に詣てける折ふし、雷落かかりたれども何の障りもなし、平家物がたりにもしるしたるごとく、奇妙を顕はしたり、其外人の見る諸書に書のせたれば、爰にのぶるに及ず、しかるに元祖保憲が眼力は明哲なるものなり、暦道は光栄のながれにて、今にあれどもさだかに人しらず、安倍の家筋をば土御門と号して、今に天文道を掌り給ひて、風雲気色を奏聞あるとかや、晴明より十七代の後有脩卿より、土御門と申す称号をこり、従三位に叙し、はじめて昇殿ありて、今泰連朝臣にいたって七代なり、二位にも成給ふ御家とかや」

ここに天文学と占星術の評価の仕方が出ている。

本来は、暦道の方が今日の科学的天文学にあたるもので、天文は天変占星術である。が、暦道といっても当時は暦の上に血忌日とか没日滅日とかいう迷信的な註をつけることが主な仕事で、それよりも天変占星術の方が天下国家により重要で高尚な学問と考えられていたのである。

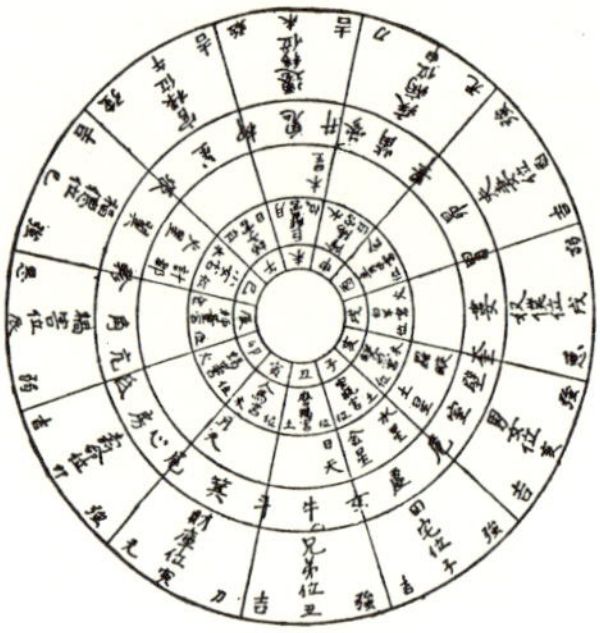

天永3年12月25日生れの男子のホロスコープ．いちばん外側の円は12位，次は28宿，次は日月諸惑星（羅睺計都とあるのはインドに起こった想像の惑星で，実は黄道と白道の交点）その内は黄道12宮，いちばん中は12支である．

第14図

賀茂家の方は織田信長の頃に絶えているが、安倍家は土御門家となり、十万石余の祿を持っていた。豊臣時代は弾圧され、尾張に配流されたが、徳川時代になって再興し、以後頒暦や諸国陰陽師の元締になる公卿の家であった。暦博士は元和元年賀茂家の庶流、幸徳井家に継がせたが、土御門家の配下にあり、地下《じげ》の位置にとどまった。

宿曜道―ヘレニズム・インドの影響

陰陽寮の系統は、純中国式の天変占星術を伝えたものであるが、中国の影響は同時に仏教の影響であった。僧侶たちがしきりに中国との間を往き来しているうちに、『宿曜経』初め、中国語訳の仏典をとおしてヘレニズム・インドのホロスコープ占星術がもたらされた。遠くバビロニア・ギリシアの影響が日本にまで吹き寄せられたことは、仏像や建築様式よりもはるかに明確に、占星術の上で証拠が上っているのである。この流儀の占星術を宿曜道とよび、占星術師は宿曜師とか宿曜法師とかいわれた。

日月食を予言するのは暦博士の役目であるが、往々にして当たらないことがある。ホロスコープを作るには、かなりの天文計算の能力が必要であるが、宿曜師は自分たちの方法で独自に日月食を予言して腕を競ったことが記録に残っている。彼らの用いた方法はどんなものか。少なくとも『宿曜経』では日月食を正確に予言できるような程度の高い天文計算法は出ていない。それが最近の研究によって彼らは符天暦を使用したらしいことが明らかになった。符天暦というのは中国の五代にあった暦で、官暦には採用されず、西方から伝わったもの、というだけで、詳しい内容は失われている。唐代にはインドの天文暦法が九執暦という名で翻訳されている。これはヘレニズム天文学の伝統を継ぐもので、中国式の天文学よりも程度が高い。もし符天暦が九執暦と同じようなものであったとすれば、宿曜師たちの天文知識は大したものであった、といえることになる。しかし、符天暦の断片を分析してみると、その程度は中国の官暦より少しすぐれたもので西洋式の程度のものまではいっていないと推測される。

ホロスコープ占星術がどれほど一般に拡まっていたかは、かなり疑わしいが、藤原時代に僧と貴族の接近が強まるなかで、貴族階級が宿曜道ホロスコープを作らせたことは想像に難くない。現在ホロスコープで残っている最古のものは一一一三年に生まれた男の子の運勢を占った『宿曜運命勘録』で、珍しいものだからその図を転載しておく(第14図)。

ふつう真言密教の徒が行なったものは、「科学的」占星術とは程遠いものであったようである。『宿曜経』『七曜攘災決』のような経典を断片的に引用することもあるが、宿曜道は日本に入る前すでに大陸で北辰信仰とまざりあい、暦註へメロロジーと化したり、星まんだらを掛けて星供養を行なう、というような俗信に近いものになっていたようである。徳川時代の初期、キリシタン禁制の厳しかった頃に、ころびバテレンの沢野忠庵がルネサンス・ヨーロッパの天文宇宙観を紹介した『乾坤弁説』には、西洋のホロスコープ占星術のことが少し出ている。これに註釈をつけた向井玄升は、これが宿曜道と歴史的に関係あるものとは思いおよばなかった。

陰陽道—日本の迷信の主流

中国流の宮廷占星術が俗信化したのが陰陽道である。その術師は陰陽師とよび、宿曜道と張り合う位置にあったが、それよりも勢力が強く、日本の迷信の主流をなしている。

陰陽道の主体はたしかに陰陽寮系統の易占、式占であるが、天文占や暦占、鹿卜など日本固有の神道的要素、さらに密教系道教系のものまで包含し、日本に存在したありとあらゆる迷信的要素の複合体となっている。それを神・儒・仏・道というように個々の要素に分析することは不可能に近い。日本に入る前に中国ですでにかなり混交していたものもある。陰陽道の伝説的巨人と崇められる安倍晴明に帰せられている『簠簋《ほき》内伝』を見ると、雑多な暦註のコレクションのほかに、宿曜道系統のかんたんなホロスコープ占星術もふくんでいる。これが陰陽道の虎の巻で、これによって日の吉凶や個人の運勢の解釈をつける。この著の原型はおそらくは晴明のころにできたのであろうが、それに後世の解釈がだんだんつけ加わってできあがったものと考えられている。全巻にわたって迷信への実際的手引きになっていて、陰陽師には愛用されたが、『五行大義』のような中国の書にあらわれた筋の通ったドグマ・原理による説明はない。

陰陽道にはたくさんのタブーがある。ある日には爪を切ってはいけないし、またある日には東の方へ行ってはいけない、等々。そしてそれらが宮廷の諸儀式の中に喰いこんで、恒久的な規則となる。平安朝初期までは儒教的形式主義をもって帝の顕揚をはかり、天変占星術の国家的意義も大きかった。藤原時代になって帝がロボット化してからも天文占星の学はまだ内部の政情不安のカモフラージュに使われていた。だが国家的なものが有名無実化すると、陰陽家は私的な方向へその存在意義を見つけようとし、暦註やタブーによって、個人の私的行動や私生活を統制するという手段を用いる。平安朝の貴族の記録を見ると、ずいぶんナンセンスな陰陽道の厳しい拘束に縛られて毎日を送っていたものだ、と気の毒になる。

今日でも医者のいうことを素直に信じて神経質なくらい養生法に気をくばる人もあれば、医者のいうことなんかあてになるもんかと暴飲暴食を平気でつづける人もある。陰陽道のタブーを気にする人、しない人、その人その人の性格によってまちまちであった。『徒然草』の兼好法師などは、あまり陰陽道の拘束を気にしなかった人のようである。しかし、真向からこれらの拘束はナンセンスだとして、迷信追放の論を張る人はあらわれなかった。当時の記録はほとんど全部迷信肯定の側に立っている。

武士は星占いを作戦に使った

武家政治の時代になっても、源頼朝はじめ武将たちは、陰陽師を顧問としてやとって、その占うところにしたがって作戦計画を立てたり、政務を執ったりした。しかし、なにごとによらず形式を重んじ、古式をたっとぶ公卿たちとちがって、武士たちは実際的センスを持っていた。陰陽道作法や禁忌は、平穏無事な時代の生活においてのみ、私的興味を惹くことができる。源平時代になると、世の中が忙しくなり、もはや作法になどかまっていられなくなる。

もちろん勝負の世界に生きる戦国武将には、合戦にあたっていろいろなジンクスを気にする心理があり、上杉謙信のような神がかり的英雄も登場する。しかし、喰うか喰われるかの戦場では、『史記天官書』以来の天変占星術の古典の命ずる所に坐して盲従するよりは、自らの力で天運を転回させようという意志がはたらく。

武田信玄は望気（星や風雲の状態から吉凶を占うもの）を学んでいたが、謙信との合戦の時、悪気を見た。しかし信玄はこれに拘泥せず、備えを固め、敵の虚をうかがい討って出て勝利をえた。後にこのことを聞かされた家臣は「その悪気は味方のためか、敵のためかわからないでしょう」といった。信玄は「いやいや、師から伝えられたところでは、味方の気であった。だから、望気の法は信ずべきではない」と答えた。そこで家臣は「味方の悪気を見て、常の合戦よりも慎重になったので、全勝をえたのでしょう」と評した。

また、信玄が信濃に軍を進める時、鳩が一羽庭前の樹の上に止った。家臣たちは喜んで、鳩がくるのは吉兆で、合戦は大勝に決った、とはやし立てた。信玄はこれを聞いて、鉄砲を取り出し、鳩を打落して、衆の惑いを解いた。今後、鳩がこない時の兵の意気沮喪することをおもんばかったからである。

家康と秀頼の二条城対面のさい、迷信深い秀頼の母淀君は息子の身を案じて、軍師で占候に長じた白井竜伯に頼んで吉凶を占わせた。すると大凶と出た。竜伯がこのことをそっと片桐且元に示すと、且元は、もし秀頼公が行かなければ戦いになる。今度のことは自分が生命をかけて責任を持つから、書き変えて、吉として出してくれ、と竜伯に迫った。書きかえた占文を且元が淀君に見せると、彼女は安心して秀頼を二条城に行かせた。無事対面がすんだので、淀君は喜んで竜伯に賞金を与えた。竜伯は辞退して、以後占いはやめてしまった。

なかには、自分では占いの類を信じていなくても、兵の士気鼓舞に利用したり、戦術のかけひきに使った武将もある。ただし理論的学問的に占星術一般の基礎を否定する議論が出るのは、平和になって落ちついた学問の再興を見る徳川時代になってからである。

子供の時見た映画で、由比正雪が、いよいよ蹶起しようと部下を引きつれて表に出た時、天の一角に流星が落ちるのを見、「謀破れたり」とさとる場面があったのを覚えている。これはつまり天変占星術の兵法への応用である。正雪は楠流軍学の大家であった。

兵法の極意はすべて秘伝であり、忍術や鉄砲の術と同じく巻物として伝わる。出版して敵も味方も入手して使用できるようになれば、戦術の意味がなくなるからだ。だから資料も十分残っていないが、占星術が兵法の一つであったことは想像に難くない。

山本勘助に発して山鹿流兵学にくり入れられたという『大星伝』には、次のような文句がある。

陽の精が最も強い日中に、太陽の方向に向かって戦うことは避けるべきである。

真夜中に、北斗に向って戦ってはならない。北斗七星のひしゃくの柄の尾にあたる第七星は、破軍星（北斗七星の剣という）といわれ、この破軍勢に向かうと、誰も勝てるものはない。

また、大江維時が唐に留学して以来、大江匡房、源頼義、八幡太郎義家と代々源家に伝わり、さらに義経が平氏を討つ時に役立てたという秘伝の天文書を、徳川時代初期に盗み見て作ったという写本が残っているが、これは、暦註によって作戦計画を立てる軍学書である。

天文占だけでなく、易占その他の占いも、兵法家に使われた。戦の雌雄を決する重大な局面に立って、どちらの策を取るかの決断に迫られた場合、軍師は易の卦を立ててそれにしたがった。戦乱の世にも足利学校が繁昌したのも、兵法家や隠密が易を習いに通ったからである。

3　江戸時代

占星術批判

科学的な天文学が日本に根づくのは、徳川時代になってからである。一六八五年渋川春海の上奏した貞享暦が採用された。その内容は元の授時暦とほとんど変わらないが、借りものでなく自力で造暦したという点で、日本天文学史上の一時期を劃するものである。

渋川春海には『天文瓊《けい》統』という著述がある。冒頭は中国流の宇宙論から説き起こしているが、その大冊の大部分を占めるのは、天変占星術のデータのコレクションである。彼はまた中国の分野説が中国の地名にしか当てはまらず、日本では役に立たないので、日本の地名を当てた分野説を作ろうとしている。その方法は、純経験的に事件史をひもといて天変と地上の事件との対応を見つけ、事件の起こった国と天変の起こった天上の宿とを結びつけるものである。たとえば、元禄十四年、浅野内匠頭の殿中刄傷の時は、火星が胃宿の十五度にあった。そこで胃宿と赤穂地方とを結びつける、という類のものである。また春海は改暦を初めて上奏する時、その効用のひとつとして正しい暦日によって暦註をただすことをあげている。

幕府や朝廷にとり入って、有史以来初めての日本独自の暦による改暦というひとつの政治的事業を推進した渋川春海に、占星術批判という野党的・評論家的な仕事をも期待することはむずかしい。彼の真意はわからないが、暦註を排撃してはとうてい朝廷側を納得させて改暦に賛成させることはできなかったので、時の権威との妥協が行なわれたはずである。彼の天変占星術に対する態度は、警世家としてではなく、むしろ古典学者のそれであった。彼にとっては、『晉書天文志』以下の天文占は用いるに足らず、『史記』と『漢書』のみが権威のある古典であった。

世が落ちつき、学問が栄えると、迷信や妖怪変化のたぐいは影がうすくなる。とくに徳川の教学となった儒教は、いわゆる「怪力、乱神を語らず」で、あまりにも想像力が貧困だと思えるくらいの醒めたセンスを持っている。だから江戸時代になると、注目すべき天変地妖の記事はぐっと少なくなる。とくに暦の編纂が進歩するにつれて、月星接近、掩蔽、惑星の諸現象など、かつては天変として占星術的意義を持ったことがらが、すべてまったく予定されたことになってしまった。

長崎に住んで、西洋思想の洗礼も受けた警世家的評論家、西川如見になると、科学の成果を楯に、徹底した反占星術思想をくりひろげる。その著『怪異弁断』には、昔日食を変災と見なしたのは、推算の法が未熟で当たりはずれがあったからで、今では子供でもその理屈はわかっているから、災異とは考えない。また分野の説も今や西洋についての知識もあるのに、広大な天を一国の独占物と考えるのはナンセンスでどこからでも見られる天文現象を特定の国だけに影響があるという考えにはしたがえない、としている。

その彼も五運六気の運気説は信じていた。運気説とは中国流の占星医学（次章で述べる）で、宇宙に瀰漫する五運の気が体内にも入って六気という時間的変化とともに身体のコンディションを支配する、という思弁的な生理・病理学の理論である。当時、陰陽五行説以外に、筋の通った物理学理論がなかったものであるから、運気説をもって最上の科学的理論としたのも無理からぬ点がある。

渋川春海以来、暦の上段、つまり科学的天文計算の部分は、江戸の天文方の権限内にあったが、中段・下段の暦註は頒暦の利権もふくめて依然として京都の土御門側の手にあった。土御門派の天文教師、西村遠里は、さすがに占星術を肯定することにはその学者的良心が許さなかった。占候の学はとるにたりないことで、かならず当たるというはずのものではない。俗には信じられても識者の拘泥すべきものではない。風雲の気からパイロットが風向きの変化や豪雨の襲来を予測するのは占星術とは別のことだが、それすらも難破のおそれがある。まして人生の吉凶禍福、軍陣の勝敗は予測できるものではない、としている。

しかしそれでは土御門派の一員としての彼の立場がなくなる。そこで天文占は、「実に人君の慎みを導き、忠臣諫を奉るの準縄なり。廃すべからず」として、その道徳的、政治的意義を説いている。

遠里の弟子で師の家を嗣いだ西村太冲は、麻田剛立門下のすぐれた天文学者でもあったが、彼が加賀藩に天文師範として召し抱えられた時、形気の天学ばかりやっていて役に立たない、とくびになったことがあった。形気の天学とは、西川如見の分類で、純科学的な天文学を指すものである。諸侯が天文家を召し抱える理由は、科学に対する期待からというよりも、天地人倫を説く教学の一部として、また為政の道具としての天変占星術に期待するところが大きかったからであった。

儒者一般の、天文占や易占に対する態度はどうであったろうか。荻生徂徠は、このような占いを批判している。ちかごろは、女子小人のたぐいもちょっとした目先のことに、易の卦を立てて占っている。しかし易は本来人生の重大な岐路にあたって、人間の判断思考の限界にきて、しかも選択をよぎなくされる時、初めて卜筮によって鬼神に問うことである。そう軽がるしく扱うものではない。今年の吉凶、未来の吉凶というようなことは昔はなかったことである、と。

朱子学の導入以来、江戸時代に初めて自然哲学としての陰陽論が儒者の間でさかんに闘わされる。そして彼らは『易経』も『史記天官書』も古典として尊ぶが、迷信的な街頭易占のたぐいは、愚劣だと考えていたようで、あまり深刻に問題にされたこともない。

易者と陰陽師

ハーバード大学の東洋図書館には、高島易断を初め日本の易の本がずいぶん収められている。そのどれひとつをとってもまともな学問的研究はない。日本人なら、なんだ、易なんてと思うだろうが、中国人の図書館員には、易学は宇宙の根元を教えるものだから、当然その「研究書」はすべて図書館に備うべきものだと思えたのも無理からぬ。

日本では西洋流のホロスコープ占星術のかわりに、暦註や易による運勢判断が勢力をえている。暦註は暦の販売網に乗ってかくれたるベスト・セラーとして広く一般に普及する。易は暦ほど広く拡まらないが、少し小遣いをもっている連中は易者にチップをはずんで個人指導をさせる。

易が民衆のものとなったのは、民間にも多少の経済的余裕のできた江戸時代であった。奈良・平安時代は易は舶来の高尚な知識で、特権階級のものであった。鎌倉時代から戦国の世までは、それは戦略・戦術への応用のために、武士階級に愛用された。江戸時代に入って、平和になると、戦術への応用は需要がなくなり、あぶれた浪人者や、修験者、神職、僧侶の類が街頭に立って、通りがりのお得意のために卦を立て、堕落して完全に民間の迷信の対象となる。また、陰陽師のたぐいも諸国にばっこしていた。律令時代すでに中央政府直属の陰陽寮だけでなく、太宰府はじめ諸国に陰陽師を置く必要が生じ、陰陽寮の卒業生が地方勤務の陰陽師としてそれぞれ配属された。律令制が崩壊した後も、地方の豪族に寄生し、民間の需要に応じて、迷信普及活動を行なった。

彼らのあいだにはジプシーのように街々村々を渡り歩き、無責任な行動をする者が多かった。彼らの用いる術も種々雑多で、時には易経を用い、または暦法を用い、神道のおはらいをし、仏道の加持祈禱を行ない、さらに狐や狸をつかって奇怪なことを告げて人をだまし、金銭を奪うという悪事をはたらく。これら陰陽師には食いつめ者が多く、社会からはみ出た人間たちで、その社会的地位は決して高くなく、一般庶民からもいやしめられていたけれども、彼らの術はなんとなくうすきみ悪いものと感じられ、こわもてしていたのである。徳川政府も彼らの取締りにはずいぶん悩まされていた。はじめは町奉行の管轄であったが、扱いかねて、陰陽道の総元締の土御門家にその統制を委嘱し、法律上の取扱いでは彼らを神職のいちばん軽いものかそれ以下と見なして、寺社奉行が裁いた。

土御門家は家元制度をとって、陰陽師に免許を出して彼らを支配下に入れようとした。全国津々浦々までの陰陽師をふくめると、その数は数万人に達したという。

しかし、実情は、土御門の門人配下と自称する連中も、土御門家に出入したこともなく、別に正統の陰陽道の伝統を受けたわけでもなく、ただ土御門家が国々に配置した取締所に年々の営業税を収めて免許を受け、土御門の流儀にはお構いなしに、めいめい勝手に思い思いのやり方で稼いでいたのである。土御門家の方も、また神道の家元白川家や吉田家も、彼らを門人配下として免許は出していても、彼らの顔も知らず、素姓の善悪も知らず、またどういう術を使っているかも知らないで、ただ年々の貢を取っていただけである。要するに純然たる金銭上の利害関係があっただけで、学問的・人間的なつながりはまったくなかった。これでは取締りの実が期せられるはずはなく、政府の方からは再三にわたって土御門側に陰陽師取締りの強化を要請している。土御門家は、徳川時代の貧乏公卿の御多聞にもれず、百七十石の食禄をえていただけであるが、他の公卿連中とちがって、陰陽師の営業免許からくる上りは相当のものであったらしく、京都の梅小路に豪勢な邸宅を張り、家来や天文教師もやとい、天文台を邸内に作って、迷信界の権威を誇っていた。

現在京都山科に残る土御門家の後裔
柱の側面には，天社土御門神道本庁
陰陽学院とある．

第15図

明治に入って―土御門家の一時的勢力挽回

王政復古になった当初の明治元年、二年あたりは、復古思想の波に乗って、土御門家は旧徳川の天文方に対する失地回復をはかった。幕府の制度はすべて破壊しようとした新政府は、天文方をつぶし、浅草天文台を廃して、旧幕時代に天文方の権限下にあった造暦の純科学的天文学的な職責も土御門側に与えた。一時的ではあったが、かくして土御門家は頒暦の全利権を一手に収めることになったのである。

しかし、太陽暦改暦を目指し革新の気に燃える新政府の下では、反動的土御門家の寿命も永くもたなかった。新政府は初めから「維新忽忙の間だからしばらくは土御門にまかせるが、やがて東京の大学の手に造暦事業をおさめる」という意図があり、以後はひとつひとつ土御門家の権限を奪ってゆき、明治三年には土御門は天文暦道の職から完全にはずされてしまった。そして、明治五年の太陽暦改暦にさいしては、旧来の陋習であった暦註を一切廃止した。

土御門家は、公卿殿上人であるので、以後子爵の位を与えられて、東京に移った。現在土御門の傍系で、土御門流の陰陽道を熱心に復興しようとしている人が京都の山科にいることを聞いて、私は資料を求めて訪問したことがあった。家の中には十世紀以来公卿の陰陽道行事にとりあげられ土御門家が尊崇した中国土俗の道教神、泰山府君が祀ってあった。しかし、学者の人に資料を提供しても、こちらの思うようなことを書いてくれないので、という理由で、せっかくの請いは聞き入れられなかった。

第四章　科学と占星術

1　天文学との関係

天文学は占星術から生まれたのではない

天文学は占星術から発達した、だから占星術は天文学の生みの親である、という俗説がある。すべてものごとは原始的なものから開化的なものへ、擬科学から科学へ、錬金術から化学へ、そして占星術から天文学へと進化するものだというのである。百年ほど前に起こった生物進化論をその思想的背景にして、十九世紀末から二十世紀にかけてはやった直線的進化主義の考え方から生じたものである。

この考え方からすれば、天文学の前に必らず占星術が存在しなくてはならないのである。しかし本当にそうあるべき論理的必然性があるだろうか。

科学は魔術から出たものである。いや魔術を否定したその上に、魔術にとってかわるものとしてあらわれたのである。あるいは逆に科学が堕落して魔術になったのである。とこのようにして人類学者の間でたたかわされた議論は、魔術の時代、科学の時代というように主役を占める歴史上の順序を論議したものである。

しかし、魔術と科学は本質的に機能のちがったものではなかろうか。それぞれが同じ社会、同じ個人の中でべつべつの機能を演じているとすれば、ひとつの社会、ひとつの個人の中でそれら二つが平和共存の状態にあってもよいはずである。科学者が日常生活や彼の専門外のことで必らずしも合理的であるとは限らないし、また新興宗教の教祖にもそろばんが立って、教団の運営をきわめて合理的に設計している人もある。私の出た高等学校には、物理学の教授で、狂信的な新興宗教の信者がいた。

錬金術と化学との歴史的つながりはひとまずおくとして、占星術と天文学の場合、二つを歴史の上に直線的に結びつけることには、非常に問題がある。この間の関係は第一章、第二章でおりにふれて論じたが、ここでそれをまとめて論じてみよう。

暦をつくるという実際的要求から出発して、天体の運行をできるだけ正確に描こうとする事業は、科学的態度を要求する。そこには呪術的要素は存在しないし、またそれをとりいれる必要はない。セレウコス朝のバビロニア天文役人の残した天文表は、無味乾燥な数式の羅列であり、人間の直接的な欲求、人間的な煩悩などは全然あらわれていない。暦の利用は呪術的儀式のためが主であったにせよ、正確な暦を作るためには、科学的態度があればそれだけで十分で、不可能を可能にしようというわけではないから、摩訶不思議な力に訴えることをしなくてもよい。

一方、占星術の方は、人生に直接的な問題に対して、天体による解答を牽強付会でもいいから強引に求めようとするものである。解答が無理な点も思弁、想像、さらに人間の希望的観測も織りまぜて、なんとかとりつくろおうとする。そこで各文化に固有な自然哲学の原理を借りてきたり、占星術師個人の先入感を入れたりして、解釈をつける。解釈がつけば、まじないやおはらいでこれを解決する。だから、同じ天体現象から出発するといっても、造暦術と占星術とでは、その方法も目的もまったくちがっていて、歴史的にも論理的にも互いにまったく無関係であり、共存することもしないことも可能である。

天変占星術

天変占星術の場合は、過去の経験に照らして解釈をつけるという経験至上主義によるものであるが、その経験は異常現象の経験であり、天体運行の規則性を求める天文学とは扱う領域が全然かさならない。定員の定まった議席を保守・革新の二大政党が争うとき、革新側がだんだん伸びてゆくと、保守の側はそれだけ議席を失なうように、科学的天文学が伸びて、かつて異常現象と思われていたことがらに規則性が見つかり、天文学の扱う領域にくり入れられてゆくと、天変占星術の領域はそれだけ侵蝕されて、だんだん影が薄くなってゆく。要するに、天変占星術と天文学とは対立関係にあって、親と子のように一方から他方が生まれるという関係ではない。

暦と占星術のほかに、古代人が天体に関係するもうひとつの仕方は宇宙観である。宇宙観はもともと科学でも呪術でもなく、宗教的欲求ともいうべきものが神話伝承の中に具現化されたものである。これは暦算の流れからする科学的天文学と結びつき、アリストテレスやコペルニクスの科学的宇宙観に止揚されるが、天変占星術の方はついに科学と結びつかないままに涸れていった。

宿命占星術

宿命占星術は天変占星術とちがって天文学から発したものである。個人の生誕時の惑星の位置から運勢を占うことは、惑星の運行の規則性の認識が確立し、その上に惑星運動を計算によって予測する科学的天文学の発達があってはじめて可能なことである。科学的天文学の側から占星術に接近したプトレマイオスが、いみじくもいったように、天文学は第一の科学であり、占星術はそれより確実性の乏しい第二の科学である。天文学なくしては宿命占星術はありえない。つまり天文学は基礎科学であり、宿命占星術はその応用科学なのである。この関係を化学と料理法の関係になぞらえる人もある。

蒸気機関の発達が熱力学の形成を促したように、応用科学から基礎科学が生まれる例は、科学史上ありうるが、宿命占星術という応用面の経験から帰納してその背後にある天文学的原理に達しえられるというようなことは考えられない。天変占星術とちがって、宿命占星術は経験科学ではないからだ。いくら人生経験の豊富な人でも、列車事故の原因を分析していけば、その前日のトランプ占いのカードの切れ工合に到達したとか、革命の研究からその根本原因を求めて筮竹の竹の棒にゆき当たった、という人はないであろう。人生の運命の分かれ目を研究し、宿命占星術の統計的データを集めて、それから惑星の運行速度を逆算できるものではない。天文学の法則の人生への応用は一方交通しか可能でない。人生の諸現象から天文学の法則に帰納することはできない。だから、宿命占星術が当たらないから、その根本にある天文学の法則を変えるべきである、ケネディ大統領の暗殺がホロスコープで予言できなかったから、太陽の動きが狂っているんだ、とはいかに自信の強い占星術師もいったことはない。

結局、宿命占星術は天文学の学問的内容になにも寄与するところがなかった。まして宿命占星術が天文学の生みの親だという資格は全然根拠のないことで、法律や天文学の素人でも占星術の要求する天文学という子供の認知問題を承認しないであろう。

たしかに宿命占星術を正確に実施するには、そのもとになる天文学もしっかりしていなくてはならない。そのために占星術が天文学の発展に刺激を与えたことは、当然考えられる。それに王侯貴族は天文学者に給料を払って占星術をやらせたから、占星術は生みの親ではなくとも、天文学（実は天文学者）の育ての親であった時期はある。しかしそれも、外国と商取引をさかんにするためには、英語をしっかりやっておかねばならない、という程度のもので、貿易の必要が英語の学習をさかんにし、英語教師をうるおすが、英語そのものの構造が取引高によって変えられるというものではない。

王侯貴族には厳密なホロスコープをえようとして天文学にまで注意を払った者もあったが、一般の需要になると、そこまで凝る資金もない。だからふつうの占星術師は、天文学の進歩なんかには無関心で、ただ素人だましの古ぼけた天文表を取り出して、いい加減なことをいっておいてもそれですんだわけである。だから天文学への貢献など論外のことである。

さらに中国流の九星法などの運勢判断になると、もうその原理がすっかり抽象化されてしまって、天体の運行とは原則上無関係になってしまっている。イスラムの天文学者にはひどく良心的な者があって、既成の天文学理論による計算ではあてにならないからといって、毎回自分で天体を観測してたえず理論を修正しようとしたが、中国の運勢判断の徒には天体観測の義務はないから、良心もうずかないですむ。ただ暦註をもとにした運勢判断では、暦をしっかり作らねばならぬという要求はたえずあったはずで、中国文化圏では西洋とちがってしょっちゅう改暦をしているが、そのかくれた動機に運勢判断の精度をあげることがあったものと推測される。

2　気象学との関係

自然占星術は長期気象予報に使われた

占星術のもうひとつの分科として自然占星術があるが、ここではその御利益について述べよう。自然占星術は気象学と密接な関係を持つ。幕末期に二宮尊徳は天体の動きを見て天文書をひもとき、来年は旱魃がおとずれる。だから米のかわりにいもを作った方がよい、と農民にアドバイスを与えた。はたして翌年、旱魃がきて、尊徳の教えを守った農民は飢饉から救われた、という話が残っている。これは、典型的な占星術による長期気象予報である。

天上の異変が君主の政治的問題に直接影響するという天変占星術から進化して、社会的事象はともかく、地上の気象など物理現象は天体によって支配される、という考えが自然占星術である。ギリシアのエウドクソスをはじめ、宿命占星術に批判的な学者も、自然占星術はむげに否定するわけにはゆかない。太陽が地上の明暗、温度、気候におよぼす影響は、誰が見ても明らかなことだからである。それに、現代のように何億光年の先から光がくる、というような広大な宇宙像を持っていなかった古代・中世の人には、彗星や天の河もごく近くに存在するもので、それらが地上になんらかの直接的影響を与えると考えたのも、当然のことである。

天上と地上の事象の相関関係を見つけようと、データを集めているあいだは、その態度はすこぶる健全である。ところが、その間から生半可な法則を引き出し、それを原理として絶対化し、さらに思弁的なドグマが加わると、始末におえなくなる。

太陽は黄道上を一年に一回まわるから、その黄道上の位置は季節と対応する。また日没時に東の空から上ってくる恒星や星座は季節と対応がつくから、シリウスによってナイルの氾濫を予知することは、合理的でもあり、また実際に役に立つ。しかし、これでは一年の季節の移り変わりを知るだけで、年によって暖冬異変があったり、日照りがあったり、洪水があったり、というようなことは予測できない。

そこで、月がその変化の責任をとるものとして登場する。月の満ち欠けの周期は季節の変化の周期と通約できないから季節的変化以外の変化をこれで説明しようとする。月の潮の干満に対する影響はつとに認められており、海に住むうに、かに、ある種の貝の産卵期にも影響するといわれてきた。そして、大潮のように、月と太陽の影響が重なり合う時は、その影響が甚大になる。

ここまではいいとして、さらに惑星の影響も考慮に入れると、現実から離れてくる。日月諸惑星が天上の一ヵ所に集まる時は、影響が共鳴し合って、ノアの洪水のような大洪水が地上におとずれる。この天体の会合は暦の上で計算できるから、予定された日が近づくと、世も末だと信じた人びとの間に大恐慌が起こる。一五二四年の日月五惑星大会合の時も、宗教改革下の不穏な民情も手伝って、大変な騒ぎとなったし、つい最近一九六二年の大会合のさいもいまだに占星術のさかんなインドでは一切の社会活動がとまるような大センセーションを起こした。

こういう占星気象学は社会問題をひき起こし、社会的関心が占星術やその基礎である天文学に集中する。ひと昔前、ハレー彗星が接近してきた時、地球にぶつかるかどうかで大問題となり、天文学者の見解がジャーナリズムの注視をあびた。そのような、社会的危機に当たっては、占星術師や天文学者の言動が千金の重みを持つことになる。

このような時には、占星術師や天文学者に対して天体運行や暦の法則を精密化すべきであるという社会的要請があったはずである。そしてそれが天文学の進歩に刺激となったと考えられる。しかし、もうひとつ突っ込んで考えてみると、この社会問題はもともと占星術師が捲き起こしたものである。だから基礎の天文学や暦を精密化しようという要請があっても、その結果予報を改めねばならないことになると、占星術師全体の社会的信用が失墜することになる。むしろこの機会を利用して占星術師は自らの社会的経済的地位を上げようとし、結果としては、占星暦の販売普及を促進するということの方が主な社会的効果であったようである。もちろん、この占星術的予言は、気象学の学問上の発展に貢献することはない。ただ、周期説によって地震を予知しようとする時、過去の記録を参考とするのと同じ意味で、天変・地異の古記録を蒐集しようという関心を惹き起こすことになる。

現実の天気予報はもっと局所的なものである。惑星の動きによって地球全体が大洪水になるようなことは考えられない。そして、近代的気象学は、占星気象学の遺産とはまったく無関係に成立した。十七世紀に気圧計など種々の観測器具が発達し、要所要所で気象観測を行ない、定量的な観測データを蒐集して、その上に予報もだんだん可能となってきたのである。自然占星術、その主要分野である占星気象学は、古記録の遺産以外には、近代気象学に対して方法においても、理論においてもほとんど何も貢献することなく、実証的な近代科学の精神の前に否定さるべきものとして存在していただけである。

新しい占星気象学

ただ、ごく少数の人の間には、近代科学の目をもって、いったん否定された占星気象学を見なおそうという試みがある。占星気象学の扱う対象は、天体が地上の気象におよぼす影響であるから、この問題は当然近代科学の対象となりうるし、またとりあげるべきである。もちろんその場合、占星術の原理のかわりに、科学の原理がとってかわる。

現在の天文学の定義は、天上の対象一切を扱う学問ということになっている。天文学と気象学の扱う対象の間の縄張りは、昔は月から上と月から下というように分けられていたが、今ではだいたい電離層あたりが境となっている。電離層は、両方から敬遠し合ってテキサス・ヒットにされては困るから、天文学者と気象学者が協力している。

扱う対象を定めるだけでは、研究の促進に役立たない。問題は研究の方法である。永遠不変の相を扱う天文学と、有為転変きわまりない地上の世界を扱う気象学や物理学とは、研究方法においてもまったく別である、というギリシア以来の科学方法論は、十七世紀にガリレオやケプラーによってこわされたが、実際には今にいたるまで天文学と気象学を結びつける実は上っていない。この手のつけられなかった領域に挑もうとするのが、我らが「科学的占星気象学者」すなわち天体気象学者の任務である。

日月諸惑星が天の一ヵ所に集まる大会合の時に、地上に大洪水などの歴史的な大災害が起こる、という解釈は、かつての占星気象学上の最大の問題であった。これに科学的解釈をつけてみると次のようになる。大会合の時は、日月諸惑星が地球の一方側に直線的に並ぶときである。すると、重力が一直線の方向に重なり合い、ふだんは力の弱い惑星も、その潮汐力が一方向に集められて、これが太陽の活動に影響し、その結果、地上に甚大な影響をおよぼす。これが近代科学でこじつけられる最良の解釈であろう。しかし、影響があるといっても、その程度が問題である。一九六二年二月の大会合のさいは、インドあたりでは一種の大衆ヒステリーを起こすほどであったが、じっさいにはなにごともなく当日は過ぎてしまった。

一九五一年、アメリカの気象学者ネルソンは、電離層に対する天体の影響をしらべて気象予報の精度を高めようとした。電離層の状態が天体の影響によって乱されることは、太陽の黒点活動の場合ではよく知られているが、二年間を費して彼は他の影響も考え、さらに詳しく計算して、今まで六五パーセントの確率であった予報を九〇パーセントにまで高めた。それまで彼は占星術についてはなにも知らなかったが、自分のえた結果を古今の占星術のデータとくらべてみると、いろいろ一致点があるのに気がついた。電離層がおだやかな時は、占星術の上では良い解釈がつけられており、荒れる時は悪いのである。この結果が発表されると、占星術師のあいだでは大評判になり、占星術の正しさが近代科学によって立証されたとしてネルソンは占星術師たちにかつがれる結果となったのである。

その他にも、諸惑星の影響によって地震を予知しようと、占星術の古いデータを集めているドイツの科学者がある。

地球に最も近い天体である月の影響としては、誰しも否定できない地球上の潮汐現象がある。そのほかにも、月の位相の天候に対する影響は、最近かなり大がかりに調査・研究されている。そして、統計的にいって、新月から上弦までの間と、満月から下弦までの間に一日の降水量のピークがき、逆に残りの二つの期間に降水量最低となることがわかった(ブラッドレーの降雨曲線、第16図参照)。

その原因については、流星塵の影響などを考える説があるが、この経験法則を完全に説明する機構はまだあきらかにされていない。

さらに、降水量だけでなく、月の位相と病気との関連も問題にされている。これは月が直接に人体にはたらくのではなく、降水量、つまり湿気のような気象条件を媒介として、人体に作用するものであろう。

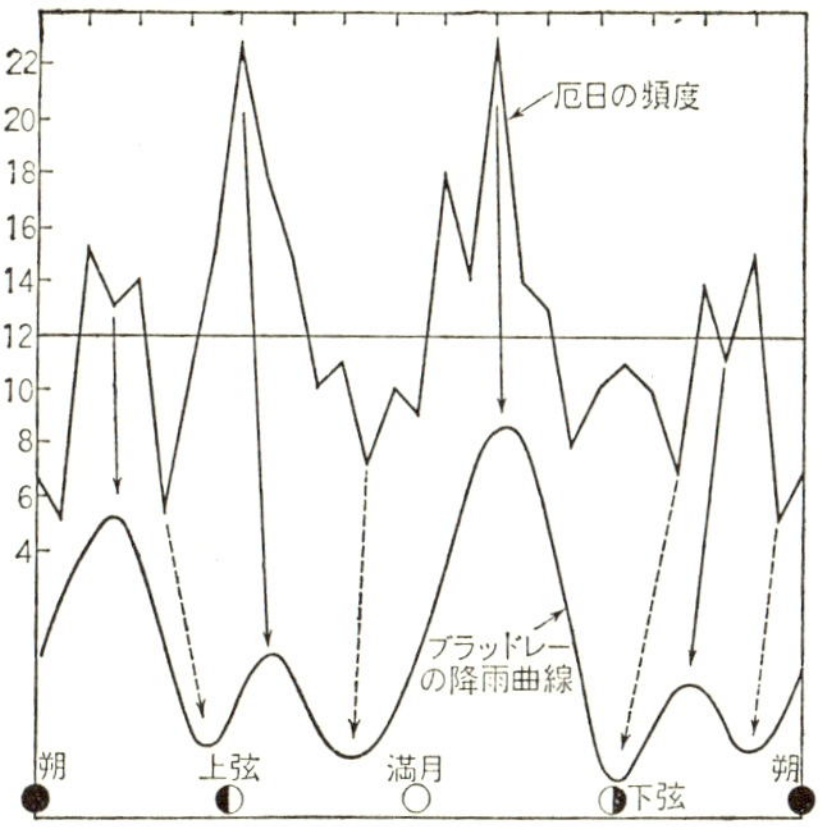

根本順吉氏による厄日と降雨量の対照

第16図

日本では昔太陰太陽暦（旧暦）を使っていた。旧暦によると、何日という日付は月の位相をあらわす。暦には厄日の記載がある。根本順吉氏の研究によると、舟乗りの使っていた暦の上では月の七、八日前後と二十二、三日前後、つまり降水量のいちばん多い時には厄日が多い、ということである。舟を乗り出して雨嵐にあって難破した日を記録しているうちに、難破回数の多い日を厄日とよぶことになり、これがしらずしらずのうちに経験的に蓄積されて、厄日が降水量の多い日と対応することになったのであろう。だから民衆の生活の中から出てきた厄日の日付は、無意識的にも漁業気象や農業気象を反映していたのである。

『宿曜経』の日の吉凶判断も、月の朔《ついたち》と十六日とは吉、四日と十九日は凶というように、半朔望月の周期で同じ吉凶がくりかえされている。満月と新月の時は月と太陽の潮汐力が強めあって大潮となり、上弦、下弦の時は小潮となる。『宿曜経』の記述にあらわれたものは、月の位相↓潮汐作用↓日の吉凶という関係が、中間の潮汐作用をとばして経験的に結びつけられていたものであろう。

3　医学との関係

自然占星術の人体への応用とも見られるべきものに、占星医学がある。直接的な作用としては、月の満ち欠けの周期が婦人の月経周期に似ているので、月が婦人の胎内に影響する、さらに月経は月によって起こされる、と考える。また、人間の健康は冬はリューマチ、夏は食欲不振というように、季節によって影響される。季節は太陽の黄道上の位置によるから、太陽が健康状態に直接影響することは明らかである。

さらに、間接的な例をとろう。ギリシアの自然哲学によれば、生きとし生けるものは、人間も、動物も植物も、土、水、気、火の四原素の混合からなり、その混じり工合で生物の気質が決まる。一方、自然占星術的な考え方からすれば、地上の元素はすべて天体の運行を反映することになり、惑星と元素の相互関係を扱う占星鉱物学、占星錬金術ともいうべき分野ができる。すると、天体は

る。まず地上の諸元素に影響し、その諸元素の混合からなる人間は、当然天体の影響を受けることにな

ヘレニズム時代のギリシア人が、医学の大元として敬意を表した古代エジプトは、同時に占星医学でも有名であったと大プリニウスなどは書いている。紀元前五世紀から四世紀にかけて活動したギリシア医学の祖で、医聖とあおがれ、きわめて実証的なセンスを持ったヒポクラテスも、医者には天文・占星の知識が役に立つといったといわれている。

宿命占星術ではせいぜいお前はこういう病気にかかって死ぬ運命にあるのだ、と予言するだけで、病気をどうしたらなおせるということは教えてくれない。一方、自然占星術の方は天体の地上への影響を示してくれ、それがわかれば特定の薬や治療やその他の医学上の武器を用いて闘病生活に入るための指針となる。だから自然占星術の著述にはふつうその医学への応用に一章がさかれている。いかに頑固な懐疑家でも自然現象に対する天体の影響の実在性を疑いはしない。太陽や月の影響は否定すべくもない。そこで、良心的な医者は、病気の「峠にあたる重要な日」をたしかめる時に、また処方の調合にさいして特定の惑星によく合う薬草を選ぶ時に、自然占星術の示す所を真剣に考えたものである。そしてある惑星のエッセンスを持った薬草（その知識を占星植物学という）は、ある病気の特効薬とされたのである。

宿命と治療可能との矛盾

宿命占星術によって宿命の宣言をされることは、実はなんの役にも立たない。どうせ定められた

時に死ぬべき運命にあり、手の施しようもないのなら、そんな知識は知らずにいた方が幸福である。『テトラビブロス』で占星術を説いたプトレマイオスにとっては、そこが苦しいところである。そこで彼は「占星術の有用性について」という章で占星医学のご利益を引き合いに出す。エジプト人は医学と占星術の予言とを結びつけて占星医学を作った。もし病気が宿命によるもので治癒の余地のないものなら、なにもエジプト人は占星医学をこしらえて、占星処方の術を発展させることはしなかったろう、と。

ここに本質的な問題が存在する。宿命占星術の宿命を真正直に受け取れば、その宿命をひっくりかえす仕事である医学の存在意義はない。宿命占星術と医学とは不倶戴天の仇なのである。その両者を共存させ妥協させようとしたプトレマイオスは、この点あまり徹底していない。すなわち、医者の役目はまず宿命につねにしたがう病気と、手の施しようのある病気とを見わけることである。将来どうなるか予測できない場合と、予測できても不治の病である場合とは、運命にしたがうよりしようがない。病気になることが予測できて、しかもそれが手の施しようのある病気である場合に限り、その病気を起こさせないようにしたり、あるいは軽減したりできる。そこに医学の役割と意義が認められる。そしてその治療の実際にあずかる占星医学の、有用性が立証されるのである。

もし医者が運命論者なら、商売は成り立たない。死ぬ奴は死ぬ、医者の出る幕ではない。だから医者は宿命占星術を信じたがらない。三世紀にあらわれ、ルネサンスまでの西洋医学を支配した権威ガレノスも、宿命占星術反対の意見であった。また、彼は当時のふつうの医者以上に占星医学的方法に頼ることも、あまり好まなかったようであるが、全然考慮に入れなかったわけではない。

しかし宇宙論の愛好者で、プラトンの宇宙論についての著述『ティマエオス』の注釈者であったガレノスは、自然占星術の方を好んだ。彼が人体におよぼすなんらかの天体の影響を信じていたことはたしかで、診断にあたる前に、患者が病の床に倒れた時の天空の状態、星座の位置を調べる必要を常に説いていた。

これは診察の前に患者の状態をできるだけ詳しくノートしておこうというヒポクラテス流の医者の良心を示したものと考えるべきであろう。またとくに月の影響に着目し、「或る人が病気で倒れた時、月が〇〇宮にあれば……」という見出しで始まる占星医学の著述もしている。しかし彼は占星植物学にもとづいて薬草を処方することにはあくまで反対している。ガレノスの重視した占星術は、むしろ占いの要素よりも、季節や空の状態というような気象的要素の強いものであった。

大宇宙・小宇宙対応

占星医学の原理に、大宇宙・小宇宙対応という考え方がある。天は大宇宙であり、人間は小宇宙として大宇宙の諸相を反映する、というものである。おそらく、その発生においては、まず身近な人間の身体各部の認識から出発して、次にその対応物を天に求めるものであったろう。天を人になぞらえる考え方の起源も、汎バビロニスト流にいえば、古きバビロニアに淵源する。そのつもりで探せば、この考え方に類する断片にぶつかるだろう。しかしまだとうてい「原理」とよべるもので

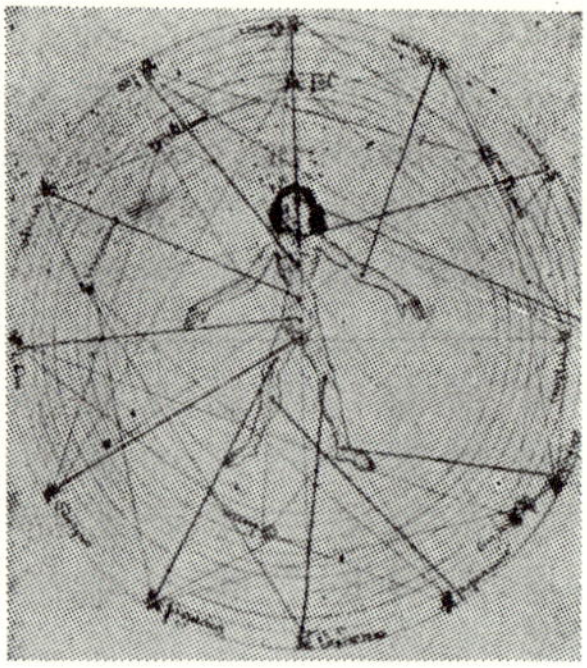

大宇宙・小宇宙の対応図
第17図

はない。ギリシアでもソクラテスまでの哲学者の言葉にははっきりしたものが見つからない。

プラトン、アリストテレスの出現で、この考え方はやや形をなす。プラトンは小宇宙という言葉は使わなかったが、『ティマエオス』にあらわれた宇宙観にはこの考え方が読みとれる。アリストテレスは『自然学』で小宇宙という言葉を少なくとも一度は使っている。

プラトンの始めた考えを継いだのは、ストア派の哲学者たちで、彼らの意見は世界が生命と理性のある存在であるという点ではほとんど一致していた。マニリウスは身体の部分を十二宮に配した。そしてさらに人体内部の器官と特定の惑星や星座の関係を詳細に発展させてゆく。人により、流派により、対応する部分がいろいろちがってくるが、たとえば木星を脳髄、水星を腎臓というふうに配され、また十二宮も白羊宮が頭、天秤宮が臀部というように、十二宮のおのおのに身体の部分や臓器が割り当てられる。

プラトン、ストア派、マニリウスの線は、同時に占星術の線でもある。だから大宇宙・小宇宙対応が占星術と結びついて占星医学の根本原理となったことは、想像にかたくない。またユダヤ人のあいだにも同様な考え方が発生している。

いったん天と人との対応がついて原理化すると、天体の「診断」だけで病気を論じ、医学はますます経験から離れてゆく。そして、占星医学は、患者のベッドを離れて、天体の運行を机上で計算するだけでよいのだから、一種の数学、イアトロマテマティクスになる。

ローマ時代にさかんであった占星医学は、イスラム圏ではそれほどでもなかった。占星医学がひとつの学派をなして、学界の主流を形成したことはない。病院や医学校で医学生のために天文を教えたという事実もない。祈禱師や占星術師は「街頭医者」と呼ばれ、ふつうの医者から区別されていた。後には医者の中にも占星術の支持者があらわれたが、権威のある医師は占星術を使わなかった。医師は自分の医院を持っていて、街頭に立つことはなかった。医者の方が社会的地位が高く、占星術師の側から医者の領分をおかそうとする者はあらわれたが、その逆はなかった。

中世後期は占星医学の最盛期である。大学で教えていた医学は、ヒポクラテスの諸規則を守り、ガレノスを権威とするものである。これらの権威は、占星医学を唱導するものではないが、少なくとも天体の人体への影響には関心を払っている。さらに、二流の権威のなかには、占星医学の信者、唱導者も多かった。個々の問題についての占星医学の当否はともかくとして、一般には大宇宙・小宇宙対応の考え方はかなり当時の科学界に力を持っていたので、天文学と医学との間のへだたりは、今日考えられているよりもずっと小さかったのである。なかには、医学の基礎は天文学にあるとして、医学生に占星医学、さらには天文学の研究の必要を説いた教授も少なくなかった。

一三四五年にヨーロッパを席捲した大疫病は、土星、火星、木星の会合に帰せられていた。しかし、今では鼠に巣喰う蚤で伝播され、鼠の移動という動物生態学的要因でペストの発生が条件づけられることがわかっている。動物生態学的要因というのは、惑星や星座に全然関係はない。

アメリカ発見当時水夫たちによって新大陸からもたらされた梅毒は、天から降ったように急にヨーロッパ社会をおかした。そこで伝染病の知識のなかった当時の占星医はこれを天変と解釈して、一四八四年に天蠍座に集まった四惑星のせいだとし、一五八四年にまた特殊な惑星配置になった時にこの災厄は解除される、と報じた。もちろんその年になっても相変らず梅毒は猖獗をきわめた。沃化水銀を薬に使うのは、惑星の悪影響を消そうとした占星医が偶然に発見したものであるが。スピロヘータが発見されたのは、二十世紀になってからである。

宇宙と人体のアナロジーは十六世紀でもなおさかんである。錬金術の大立物、パラケルススほどこの考えを徹底的に支持し押し進めた人はないであろう。この考えが彼の錬金術や医学の考え方の中にゆきわたっている。彼にあっては心臓は太陽、脳は月、そしてさらにてんかんは地震、卒中は雷火、水腫は洪水と同一視される。

ただ、パラケルスス派の人の考え方は、宿命占星術よりも自由である。大宇宙・小宇宙対応の考え方が宿命観と結びつくと、大宇宙決定論、天空決定論になる。小宇宙は大宇宙の命に盲従するだけの操り人形のようなもので、自分の意志ではどうしようもない。天体の運行のせいで肝臓が悪くなったから、ではその天体の動きを変えるということは、小宇宙の人間にはできないことである。これでは占星生理学、占星病理学は成り立っても、占星医学は成り立たない。医学は病を癒す術だから、手の施しようがなければ医学の存在意義はない。

パラケルスス派の人びとは実践の人、経験的なことがらにたずさわる人びとである。彼らにとって、法則とはがんじがらめに必然の鎖でしばりあげて、自由意志の存在を許さないものではなく、経験的に発見さるべきものである。だから彼らは自由意志を認める。大宇宙と小宇宙は対応し、相互作用をおよぼすが、天と人は独立したものであり、天人同権なのである。「天は促進する。しかし強制はしない。」天は人間の中の動物的要素にだけ影響するが、人間自体はその固有な尊厳性を確保しているのである。

医学というものは、死ぬか生きるかの真剣勝負の場につねに立っている。そこにはきびしい親試実験の精神が要求され、観念の遊戯は許されない。だから、観念的な占星医学は、本来の医学の実証的な探求の道を混乱させ、すなおな発展をはばむことになった。天体と地上の気象現象を結びつける占星気象学でも、占星術は時期尚早の段階であるにかかわらず、急いで結論をつけるという誤ちをおかしがちであった。それがさらに複雑な人体を扱う医学の場合はなおさらのことである。そして、占星医学、つまり天体と人体の肉体的条件とを結びつける学問はいままでにほとんど実りをあげていない。粗雑な観察をもとにして、身近な人体の問題を一挙に天体や自然哲学という高尚な原理に結びつけてしまうと、その原理が抽象的で高尚であればあるほど、卑近な観察・経験に立ち返ることが困難になる。大宇宙・小宇宙対応の理論の悲劇性はここにある。

東洋の占星医学—運気説

西洋流の大宇宙・小宇宙対応の考え方が東洋に入ってきたのは、やはり仏教の経典を通して、インドや西域からである。たとえば『宿曜経』によると上から頭は昴宿、額は畢宿、眉は觜宿というように二十八宿と身体の各部の対応がつけられている。しかし、この西洋起源の説は中国医学の生理学・病理学理論の主流に達するにはほど遠かった。

一方これとは別に、中国独自の大宇宙・小宇宙対応の考え方がある。元をたどれば紀元前二世紀の頃『淮南子』には、天は心で地は五行のあらわれであるという考え方が出ているし、『易経』には、天は首、地は腹という考え方が出る。

ただその展開にあたって、西洋では、惑星や星座のように個々の実在物が身体と対応するに対し、中国のそれはすでに抽象化された陰陽や五行であり、その陰陽五行の機能が問題となる。天と地の間にはたらく五運六気が、人間の五臓六腑に影響するという。だからいいかえれば、西洋流の大宇宙・小宇宙対応は天文学的であるに対し、中国のそれはむしろ気象学的なニュアンスを持つ。

中国医学の古典でその原著は紀元前にさかのぼる『黄帝内経』は、陰陽五行説の上に作られた自然哲学的医学である。天は陽、地は陰である。人の身体はすべて天地にのっとり、陰陽に形どる。だから天地に陰陽あれば、身にもまた陰陽あり、天に五行あれば、人身にもまた五臓がある。五臓とは肝、心、脾、肺、腎の五つである。そして、肝は木に属し、心は火に、脾は土に、肺は金に、腎は水に、と五臓と五行の対応がつけられる。また六腑とは、胆、胃、大腸、小腸、三焦（この臓器はどれを指すのか今もってわからない。解剖学的知識の乏しかった当時にできた想像上の臓器とも考えられる）、膀胱の六つである、この五臓六腑に陰陽が割りふられ、その配当の上に生理学・

病理学が作られる。陰陽二気がバランスがとれている状態が健康なのであり、平衡がくずれて病気になった患者には、医者はできるだけバランスを回復するように治療する。

後漢時代には、中国医学も仏教の伝来とともにインド医学の影響を受け、実証的になった。実証派医学の古典の『傷寒論』では、陰陽論はただ病気を二分法によって分類するために使われるだけである。

しかし、思弁的医学がすっかり跡を絶ったわけではない。とくに宋代には朱子などの儒者が中国古来の宇宙観を哲学化し、発展させ、性理説といわれるまとまった自然哲学を作り上げた。その自然哲学がすぐ医学にも影響を与え、一〇九九年、劉温舒が『素問入式運気論奥』を著して、五運六気の運気論病理学説を展開した。

五運とは五行運転の気である。ちょうど水が水蒸気になって蒸発して上空に雲を作り、そこからまた雨になって降ってくるように、五行の気は天地の間に瀰漫し、循環する。人が生まれる時は五行が一身にそなわっている。そして天地の気を呼吸して内臓を発達させてゆく。惑星や恒星の二十八宿は五行に配当できるから、星も五行を通じて五臓と結びつくことになる。天地の気がバランスがとれていれば、病気になることはない。

また六気の気は一年を六等分した期間である。この季節のくりかえしの周期が乱れると、気候不順となり、病気の原因となる。

天地に五運六気があって、万物を造化する。人には五臓六腑があって、生気を化育する。万物の消長は気運にしたがい、人の疾病は臓腑にはじまる。もし五運六気に過不足があれば、病を生じることになる。

『黄帝内経』には日月の運行を論じることはなかったが、季節の変化の要因は陰陽説という抽象化された形で生理・病理論に入っている。五運六気の説になると、これが拡張されて、天体の運行と病気、五運と十干、六気と十二支が結びつき、さらにこと細かい五行説対応がつけ加わって、ほとんど経験科学の痕跡をとどめないまでにドグマ化されている。

運気説によると、天と人とその理まったく相同じ、ということになる。だから医者となろうと思うものは、上、天文を知り、下、地理を知り、中、人事を知るべし、この三つをともにあきらかにして後、はじめて人の疾病を清めることができる。つまり天・地・人三才を知ってはじめて学問をマスターできたといえる、という三才思想にいたる。

日本にも運気説が入ってきて、とくに江戸時代初期にさかんだった思弁的な李朱医学の基本原理となった。十七世紀の末から十八世紀初めにかけて、長崎にいて当時の日本人としては最も西洋の事情に通じていた西川如見は、かなり徹底した実証主義者であった。彼は伝統的な天文・天変占星術をナンセンスと見なしていた。また西洋流のホロスコープ占星術も聞きかじっていたが、これも彼には信じられなかった。しかしその彼が運気論の熱心な支持者だったのである。

「長崎で西洋流の医術を行なっているものでも、劉温舒の運気論に拠っている。大宇宙の天と小宇宙の人間は一体であるから、中国流の五運六気の方法で五臓六腑の病を扱うと、非常にうまくゆく。それにもかかわらず今時の医者が運気論を学ばないのは嘆かわしいことだ」と彼は憤慨している。

当時の日本には古医方という学派が起こりつつあって、李朱医学の陰陽五行説による生理・病理の説をくつがえしつつあったのだから、如見はまさに医学発達史上反動的役割を演じたことになる。しかし、如見の求めたものは、区々たる診療技術よりも、医学の理論的基礎、つまり物理学だったのである。

「天文学で現象のみにとらわれている人は、薬草の知識だけあって診療についてなにも知らない医者と同じく、不完全である。中国の理論は土金水木火の五運と寒熱燥湿風火の六気がある。西洋の（アリストテレス流の）説では、地、水、気、火の四元素と、乾湿熱寒の四質によるともいわれている。西洋説はよく知らないからなんともいえないが、中国説と同じようなものだろう。西洋説では八つの元素であるに対し、中国では五運六気、あわせて十一で説明するのだから、より詳しいといえる。」

アリストテレス説と五運六気の運気説とを対等に評価することは、あながち誤りではないかもしれない。当時西洋で成立したニュートン力学を知らなかった如見には、なにか最も妥当な物理学理論が欲しかったので、占星術的五運六気理論が彼にあってはその役割をつとめたのである。

そして彼はさらに視野を拡げて自然観を求めた。

「天文、地理、運気の学、この三つは不可分である。運気というものは、気が天地の間にはたらく作用である。天文、地理は形体の研究であるに対し、運気は作用の研究である。これらはみな天の研究の一面である」と。

4 自然観との関係

宿命は力学的自然観を準備する

最後に自然観や科学思想一般と占星術の関係を突っ込んで考えてみよう。

原始人にはすべてが奇蹟であり、また何物も奇蹟ではない。つまり彼らの考えの中には宇宙の自然現象の底に横たわる合法則なもの、規則的なものへの認識はないから、あらゆる奇蹟が起こりうる。しかし、奇蹟的なものとそうでないもの（合法則的なもの）との区別がつかないのだから、彼らには別に奇蹟とも映らなかったのだ。

天文・占星の上でも、初めは星は勝手気儘に行動できるものと考えられていたであろう。中国に伝わる宣夜説という宇宙観では、天は本質的に無政府状態であって、そこに法則など認められるべきではないとする。原始的宇宙観のなごりであろうか。

そのうち太陽や月などの規則的運行が認められだすと、それ以外のものは天変としてその奇蹟価値のゆえに大事に記録される。このデータが地上の社会的・政治的事件と結びつけられて、天変占星術となる。ここには天上の事件が地上の事件を惹き起こすという両者の間の因果関係の認識が始まっている。

天変占星術ではまだデータそのものは奇蹟的に起こるものであった。それがさらに天文学が発達すると、天上の奇蹟的なものにだんだん規則性が認められてきて、しまいにはプラトン、アリストテレス以来の宇宙像のように、天界はすべて規則正しい運行をすると考えられる。そして中世後期に、機械時計が出現し、デカルトのように宇宙と時計とのアナロジーが考えられて天は機械化する。占星術師はその上に地上の人間も大宇宙を反映した小型の時計で、これが天の時計に共鳴を起こして動くと考える。これが宿命占星術の基本原理である。天と個々の人間の間には、さらにまた占星気象学に見られるように、天と地上の現象との間にも、もはや奇蹟的な要素はなく、必然の鎖で固く結びつけられる。人間の自由意志は認められない。宿命決定論である。宿命という基本概念で天と地とを結びつけうるという宿命的自然観ができたのである。この宿命を力学法則、万有引力で置きかえたのが、十七世紀の力学的自然観である。

天と地の間を因果関係で結びつけるという思想以外に、もうひとつの占星術のニュートン力学への貢献は、遠隔作用の思想である。十三世紀にすでにロージャー・ベーコンは、天体から発生するものに光や重力と同じく占星術的作用という遠隔作用を認めていた。この考え方はケプラーにも引き継がれている。ニュートンの万有引力は、地球と月のように離れた二体間に作用する遠隔作用である。その間になにもないのに、力がはたらいていると見なすのはおかしい。占星術の天地を結びつける摩訶不思議な力と同じだ、という反論がニュートンに対して当時なされていたのも故なしとしない。だから、宿命占星術で天と地の間に遠隔的にはたらく力を認め、その間の必然的法則で結びつけるという考え方が、ニュートン力学成立の思想的背景を提供した、と考えることもできるのである。

力学的自然観のひとつの大きな功績は、ルネサンスまでアリストテレス流の自然観によって天と地にはたらく法則はまったく別物と考えられていたのを、惑星の運行も地上の物体落下の現象も同じ重力法則によって統一的に説明したことである。占星術はアリストテレス流とちがって天上と地上とを結びつける学問で、この結びつきの場においてのみ占星術固有の存在意義を主張できるものである。だから天と地を別物と考える中世の天地二分法的宇宙観、自然観を破壊して同じ力学法則の下に再統一するガリレオ、ケプラーからさらにニュートンにいたる大事業を、舞台裏にあって準備する思想史的役割をしたのである。

占星術の保守性

錬金術師は何かを見出だそう、作り出そうと懸命であった。その意味で彼らの仕事は「前向き」であったといえる。ところが占星術師の方は錬金術師のように生産的ではない。宿命によって決まりきっていることだから、学問としても発達しない。生活態度の上でも、ただ運命を受容し、それにしたがうのみ、という受動的・保守的態度になる。

天文学は実験科学ではない（人工衛星が天体力学の実験と考えれば、これが今のところ唯一の例外である）。観測に待つのみである。だから近代科学の成立する十七世紀頃までは、天文学は最尖端で最も権威のある代表的科学であったが、以後実験的方法が進歩するにつれて、化学や物理学などよりも発展のテンポが遅れ、今では自然科学のごく小さい一分科になり下ってしまっている。占星術はなおさらで、観測・経験から出発するが、さりとて純粋に観測科学でもなく、ドグマ的思弁が入りこみ、ついには机上の空論となる。といって、数学のように論理の筋が通っているわけでもない。

過去の観測・経験の集約が実証的拠りどころとしては唯一のものである占星術師は、実験によって新生面を切り拓くということはできないから、いきおい古い権威に頼ろうとする気になる。古い時代のものの方が経験の集約の裏打ちが乏しいはずであるが、古典的権威は長い間寿命を保って今日に伝わっている、つまりそれだけ長い期間生き残ったということが、権威づけになる。無知な人びとを相手にするカトリックの坊さんの中には、進化論を持ち出して、キリスト教の正しさを証明してみせる人がある。キリスト教は二千年になんなんとする間、自然淘汰を経て生き残ってきた。だからそれだけ強いんだ。お前達も強い者にしたがわねばならぬ、と。『テトラビブロス』や『史記天官書』のような占星術の古典も、キリスト教と同じくらいの古さを持っている。だから、これらの古典は「強い」のだ。権威主義者にとっては、「強い」ものは「正しい」のだ。このように権威が幅をきかすところでは、学問の革新的な発展はありえない。だから、保守的な占星術は、つねに後向きの姿勢を持っていて、直接的には科学の発展になにも貢献するところがなかった。また、保守的な伝統尊重の姿勢のゆえに、新興宗教の教義的武器とは案外なりにくかったし、新興階級の革新的イデオロギーに参劃することもありえない。

科学の側からは、占星術はいつも迷信だと攻撃される。ところが占星術師の方では、自分達の学問を科学だと思いこんでいる。近代科学の成立時までは、歴史の上では、科学の栄えた時代に奇妙に占星術もさかんであった。それは占星術が天文学の応用であったからだ。近代科学の方法が確立すると、その方法では占星術の基礎づけは不可能である。ところが、現在の占星術師の一部には、イスラム時代やルネサンスのような夢よもう一度というわけにはゆかないが、宇宙時代の科学ブームに便乗して一旗あげようと本気に考えている者がある。

占星術は決して反科学思想ではない。むしろ科学の権威に媚びるのである。新興宗教が医者を黒幕に引き入れたがるのと同じく、占星術師もたえず天文学者の袖を引っ張りたがっている。

エピローグ

占星術の衰退とあがき

コペルニクスが出て、太陽中心説を唱えると、占星術の基礎もぐらつくはずである。それまでは占星術師たちはプトレマイオスの権威を頼りにして占ってきたのが、新天文学理論が出てその正しさが証明されると、今までの占いはみんなまちがいだったということになるはずである。それまで宇宙の中心に地球があると考えて、諸天体の影響を論じてきたのに、地球が太陽の一惑星にすぎないとなると、まわりの惑星も恒星も地球という特定の一惑星に、さらにその上のちっぽけな人類に、それほどかまってくれているのではない、という考え方になる。しかし事実は、科学の権威を頼りにする占星術師は、太陽中心説が優勢になったと見てとると、すぐコペルニクス説による占星術を編みだす。そして今まで占星術が十分当たらなかったのは、プトレマイオスのまちがった権威に頼っていたからで、今度こそは新理論の力によって確実に当たることになる、と宣伝する。

一七八一年、ウィリアム・ハーシェル卿が天王星を発見した。すると、空に見える惑星は今までのように五つではすまないから、占星術がこの天王星の影響も取り入れるべく、修正されねばならない。五惑星に起源する中国の五行説も、六行説に改めねばならない。ここでも占星術師はたくみに新発見に迎合し、今までは天王星の影響を考慮しなかったから、占星術は当たらなかった、今度こそ当たるようになると主張する。イギリスでは時まさに産業革命である。火星は戦争をつかさどり、木星は財産を、というふうに各惑星のつかさどるものが古来決められていたが、新時代の精神を体現して、ある占星術師は天王星を機械のパトロンと決めている。

一八四六年の海王星の発見は、天体力学の凱歌とうたわれたものである。天王星の軌道がニュートンの引力理論からはどうもうまく説明できないので、その外側にもうひとつ惑星が運行していると仮定し、その影響を考慮して天王星の軌道の観測値を理論と一致させた。そしてその仮定した惑星の位置に望遠鏡を向けて見つかったのが新惑星の海王星である。占星術師もただちにこの発見に反応して、今までの運勢占いが当たらなかったのは、海王星を知らなかったからで、過去の運勢判断を精密に分析すれば、天体力学とは独立に、占星術の側からも新惑星を予測できたのだ、といったものである。

さらに冥王星が発見され、近頃のように人工衛星・人工惑星がとびかう時代になると、占星術もその影響も考慮に入れ時代に即して改良されねばならず、占星術師も忙しいことである。

科学の進歩では占星術を抹殺できない

十八世紀以来、科学思想の普及とともに、占星術はまず知的社会から、ついで一般からも追放されるようになった。しかし科学の進歩が占星術にとどめを刺すことにはならない。トップ・レベルの科学がどんなに進んでも、それはますます一般民衆には理解しがたく縁の遠いものになってしまう。また占星術を追放するためにはトップ・レベルの科学者を動員する必要はない。相対性理論も必要ではない。問題はむしろ科学教育の普及の問題である。そして、占星術は科学の偽装を持っているから、占星術師の敵は科学者でなく、むしろ啓蒙教育家である。啓蒙思想家のヴォルテールは占星術師の目の敵にされ、彼らの占いによって早目に死期を宣告された。しかし彼らには呪い殺す力はなかったと見えて、ヴォルテールはその宣告された時期を越えてはるかに永く、しかも平気で生きつづけ、啓蒙活動をつづけた。

インドの占星術の現状

古い権威に頼る占星術にとっては、占星術の栄えた永い歴史を持ち、しかも啓蒙普及活動のおくれた地域が最良の温床である。古い伝統と高い文盲率を持つインドが現在では占星術のいちばんさかんなところといえよう。

四世紀の棕櫚の葉に書かれた文献によると、「ホロスコープや天文に名誉を与えない王は、あわれむべし。占星術師なき王は、光なき夜、太陽なき空の如し。盲人の如く道を誤るなり」とある。以来連綿と占星術の伝統はつづくのである。

現在、インド占星術研究協会には二、三千人の職業的占星術師が登録されている。実際に星占いで食べている者は万ではきかないだろう。カルカッタ大学はじめいくつかの大学には、占星術が正統な研究課目として認められ、占星術の研究と占星学者の養成にあたっている。また中央政府や地

最高級のインド占星術師

第18図

方官庁の援助を受けている私立占星術研究所もある。

彼らの生活は、トップ・レベルの六、七人はすこぶる良く、一億円に近い年収を持ち、助手をやとい、各市に出張所を持ってかけ持ちし、盛大にやっている者もあるが、低いところでは、街頭で地べたに坐って煙草銭かせぎをする者もある。彼らのカーストはバラモンが大部分で、たいてい父子相伝、徒弟を受け入れるものもあるが、寺のように何代もつづいた「門徒」を持っていて、経済的基礎もしっかりしている。

「門徒」たちは子供が生まれると、役場に届けるように、代々かかりつけの占星術師のところに行って、子供のホロスコープを作ってもらう。そしてその後も結婚その他なにか問題があると、占

インドの街頭占星術師
第19図

星術師のところに相談に行く。占星術師は生まれた時と現在のホロスコープを照らし合わせた上で、災厄を免れる方法を教える。ある薬草を飲むことをすすめたり、ある種の宝石を身につけることを勧告する。いちばん一般的な厄のがれの方法は、読経である。

占星術は庶民階級だけでなく、政府高官にも浸みわたっている。ネールの側近の大臣は皆占星術顧問を持っている。ある長官は火曜日は日が悪いとして決して決裁をしない。共産党員でさえ、立候補の日取りを占星術で決める有様である。ネールはこの有様に腹を立て、また革新的な学生連盟はネールに占星術に対する禁令を出せと迫るが、実際には禁令は出せない。ネールはインドがまだ占星術時代であることを知っている。

たとえ信じない者でも、まわりがこんな状態なら、占星術師の告げることをなんとなくうすきみ悪く思う。厄日に結婚式をあげることは、当人は平気でも、まわりから異端者扱いにされはしないかと気にする。そして占星術師が来年は結婚にはよくない年だと宣言すれば、時ならぬ結婚ラッシュが現出する。

一九六二年二月、八つの惑星が会合する時は、大天災が起こるとして、大変な社会不安を捲き起こした。新聞はセンセーショナルに書きたてる。金持は祈禱師を数十人も呼び寄せて、三週間もぶっつづけで厄除けの祈りをさせる。九〇日つづけたのが最高記録だという。祈りの聖火に札束をくべるものも出る。

インド全部で一二〇億から一五〇億円の金が精神的救済（気やすめ）に浪費されたそうである。かき入れ時だったのは占星術師、まじない師だけではない。生命保険会社もこの儲けのチャンスを逃さない。悲壮な顔をした占星術師を祈りの集会に送りこみ、そこでたちまちにして多数の契約を獲得した。米価は下る。女房はしばしのいとまを申し出る。店はしまり、学校は休む。炭坑労働者は地下にもぐらない。漁港では高潮をおそれて漁夫が内陸に逃げこむ、インド経済は一時麻痺状態にあった。

長老政治家もこの騒ぎに捲きこまれ、選挙演説の会場を祈りの集会にきりかえて、民心をえようとした。ネールは、アメリカとソヴェトが月を植民地化しようという御時世に、星に慈悲を乞うなどとはなにごとだ、と説いてまわったが、反対派は古い伝統を信じないネールに国政は任せられぬ、と逆宣伝する仕末、政治的にも麻痺状態がつづいた。

当日がきた。しかしなにごともなく過ぎ去った。過ぎたあとでこういうことに気がついた。民衆は、地震を免れるために屋外に出て寝たり、祈りの集会につどうかわりに、バーやレストランにかけこんで、最後の晩さんをエンジョイしていた、と。

アメリカの占星術企業

アメリカ合衆国は歴史の浅いかわりに、生活と教育の水準が高いことで、インドとまったく対蹠的である。しかしこの科学万能の国でも、第二次大戦後はとくに占星術が拡まった。

この占星術ブームの理由は、占星術師自身にもわからない。ひとつには、アメリカの科学万能、金銭万能の風潮への反動だというが、金銭万能は今に始まったことではない。ただひとつたしかなのは、アメリカではそれが商売になる、ということである。英独仏では伝統が固く、占星術師のギルドがしっかりしていて伸びる余地はないが、処女地アメリカにはまだまだ顧客開拓の余地が見出だせるのである。アメリカでは、戦後占星術師の数は五千を越え、占星術患者も戦前の三百万から一千万に、占星術予報の載る新聞も一八五誌から一千誌と増加した。占星術予報の当たりはずれが、新聞の購売部数を左右する。

占星術学校も三〇を数え、そこでは天文・占星の基本から、心理学や商売の方法、直接患者に会わなくとも通信で占星指導する方法など、ありとあらゆるテクニックを教えこむ。卒業後は一時間五ドル払って有名な占星術師のところでインターンとなる。やがて一本立になれば、ギルドのメンバーとなる。同じ天文現象に対して、各人の解釈があまりにもばらばらでは、占星術の権威にもかかわるので、占星術ギルドの年次総会を開いて一応統一的見解を固め、彗星などに対する解釈が決められる。それでも横紙破りで自分の名声をえようとする輩が絶えないので、ギルドを強化する必要が常に唱えられている。

アメリカではすべてが企業化する。占星術も例外ではない。ゾラー氏の店は現在占星術企業として最大のものである。彼は一時株の仲買人であったのが、一九二九年の時の大恐慌にあって、当時唯一の金の入る職業であった占星術に転向したのである。

彼にはマネージャー役をしている有能な女秘書がついている。彼女も女優からモデル、さらに保険の外交員に転じて、やはり大恐慌でくびになって、占星術を業とするようになった。一般に、占星術は社会の不況の時には繁昌するものらしい。

二人とも商売の経験は豊富であった。御本体のゾラー氏はめったに顔を見せず、万事表向きのことは女秘書が処理する。御本体は権威の祭壇の奥深くに祀っておかなければ、信者は本体を見て幻滅するからである。

彼らはまず占星術の雑誌からスタートし、さらにラジオやテレビにも手を伸ばして宣伝に努めた。また全アメリカに二千二百ばかりのチェイン・ストアを持つテン・セント・ストアのウールワースに占いの自動販売器を置いて、しこたま儲けた。ゾラーは毎年信者から一万の手紙を受け取り、一通あたり三ドルの手数料を取って返事を出している。ときおり、冷戦の行方など政治問題を予言するのは、ジャーナリズム上での名声を狙った広告宣伝のためのものである。

患者の大部分は婦人客で、恋愛と結婚という昔も今も変らぬ問題の相談であるが、「何時何分頃は注意してドライブせよ」という交通予報は、いかにもアメリカ的である。ハリウッドのスター連の運勢判断を流して、ミーハー族を喜ばせるのも、企業のこつである。

運勢判断は、不安定な職業を持つ人には最も受ける。その意味では、ハリウッドとウォール街とは両翼である。

ハリウッドには弁護士出身の有名な占星術師がいる。彼は大恐慌の時に社会事業に入り、群なす求職者にホロスコープを使って仕事を探してやり、成果をえたという。その後彼は学生時代のフット・ボールの傷が痛み、医者に六ヵ月と持たないだろうといわれた。そこで自分のホロスコープを作ってみたら、南西部の太平洋岸へ行けと出た。ロス・アンジェルスへ出ると、転地療養がきいたのであろう、全快して、今ではハリウッドに住みついて、スターたちの星占いを業とすることになった。

彼にとってスターたちの名よりもその生まれた十二宮と生年月日の方が大事である。同じ宮生まれのスターを自宅に招いてパーティを開き、「やあ何月何日氏」「何月何日さん、ちょっと」という工合で、スターたちの間に愛嬌をふりまき、人気をえている。そして契約問題など俳優の心痛事には、弁護士と占星術師と両方からのアドバイスを与えている。

彼にも大きな失敗があった。ある女優が妊娠して、帝王切開が必要となった。医学の上では手術して子供を取り出す最良の時刻は厳密には決められないが、占星術の方ではよい星の下に生まれるために誕生日の時刻の正確な計算ができる。女優の相談を受けた件の占星術師は、医者のいうよりも二日手術を遅らせた方が子供の星運が良いと勧告した。二日後に生まれた子供は死んでいた。

ウォール街に居城を持って、会社や個人のために景気を占う女占星術師がある。会社の場合は、創立時を個人の誕生時と同じように扱って、ホロスコープを作って占うのである。事実は、政治経済上のニュースを多少知っていて、それを占いの結果に組み合わせるのだが。

これらはみな高級な占星術師であるが、街で見かける占星術師はさらに程度が悪い。日本の街頭で見かける運勢判断の易者は、ひげをはやした謹厳そうなおじさんであるが、西洋の占い師はたいていお色気のあるジプシー女である。夕暮に窓ごしにウィンクや手まねきで客を誘い、占いは適当にして、売春婦に転じたり、その仲介をする。さらに犯罪の巣くつにもなる。

占いも毒にも薬にもならないことをいっている間はご愛嬌だが、社会不安を背景にするとどういう弊害を生ぜぬとも予測できない。アメリカには金を取って星占いをすることを法律で禁じている州が多い。占星術の広告も禁じられているところがある。しかし実際にはほとんど効果はない。ましてアマチュア占星術師に対しては取り締るすべもない。

星占いもあまり深刻に取らなければ、単調な人生にアクセントをつけるものである。ニューヨークの下街に店を出している大学出と自称するある女占星術師は、私にこんな話をしてくれた。

「私のところにくる人たちは、みんなお勤め帰りの女の子たちです。大都会の中に呑みこまれて孤独な日々を送っている彼女たちは、おそろしく人生に退屈しています。そんな時に私はもうすぐこんな恋人にめぐりあえますよといって、ハリウッドの男優の名でもあげてやるんです。一瞬、彼女たちは目をかがやかせてほほえみますよ。彼女たちにささやかな夢を与えてやる、それが私の仕事だと思っています。」

大衆におもねる現代占星術師

占星術は、なにかを生み出す、という生産的なものではない。だからつねに誰かに寄生して、おもらいでやってゆくより手がない。古くは支配階級に寄生してその独占物となり、今では無知な庶民に迎合している。人類の進歩につれて、占星術も大衆化し、現在では完全に大衆のものとなっている。

ニュールンベルグ裁判の時の精神病医の報告によると、ヒットラーの顧問占星術師が政府要人を任命する権力を持ったことがあるそうだが、現在では占星術が権力に結合することはまず例外的なことである。現代の占星術師は大衆におもねらないと生きていけない。大衆が平和を望んでいれば、占星術師も平和主義者になる。終戦直後日本にあらわれた璽光尊のように、天変地異を予測したのでは、大衆に一時的ショックを与えることはできても、もしそれが実際に起こらなければ、人気はたちどころに下落する。ところが楽観的なことをいって大衆を喜ばせている限りでは、大した罪はないし、反感も買わない。当局の弾圧もない。戦時中のイギリス婦人の間には戦局に対して楽観的な占星術の信者が増したが、イギリス当局もこれが長期にわたるならともかく、一時的なものである限り、覚醒剤のように士気の鼓舞に役立つものとしてその流行を黙認した。今のアメリカの占星術師たちも、しきりに冷戦解消の予報を出している。

ともあれ、予報とは人生のすばらしい事業である。景気の予測や天気予報など、各所にその成果を収めている。将来、運勢判断も電子計算機のプログラムにかけられる日がこよう。しかし、人生とは最も複雑なものである。最も身近かな人生判断が、おそらく各種の予報のなかで最後に成功に達するものであろう。

さて、占星術そのものの意義はともかくとして、本書のように占星術史を研究する意義はいったいどこにあるのだろう。ここまで辛抱して下さった読者に、最後に占星術史研究の古典的権威ブーシェ・ルクレール氏の言葉を贈ろう。

「ほかの連中がいかに無駄なことをしているかを知ることは、無駄ではない。」

あとがき

オリエンタリストの矢島文夫さんから、占星術の本を書けといわれた時、ぼくは少し戸惑った。占星術の先生、と一生涯烙印を押され、星占いをしてくれというお客さんに日夜押しかけられることにでもなったらどうしようと思ったからである。正直なところ、占星術の本を書いている、ということにもいささかてれを感じる。

しかし、私は科学史の側から占星術の役割にはかねがね関心を持っていたし、その関係の論文を書いたことも学会報告をしたこともある。そこで——その科学史上の位置——という副題を入れることにしてもらった。つまり、批判的な占星術史研究への手びきとはなっても、この本を読んでいるうちに、自分も星占いをしてみたくなるというような、占星術へ読者を誘い入れるものではなく、また実際に占星術をやってみるための指南書、「実用」の書ではない、ということを明らかにしておきたかったからである。

占星術の天文学的なデータを作ることは比較的簡単であるが、その解釈となると各人各様で、あまり筋の通ったものではない。だからその各派の解釈の仕方の詳細を追ってゆくことは、頭脳の浪費でもあるし、所詮は占星術信者でない私には退屈きわまることであり、さらに苦痛でさえもある。

雑占を含むインドの占星術の英訳書がいくつかあるが、これらは批判的研究者の手になるものではなく、すべて占星術信者の「実用的」動機にささえられて完訳されたものである。ある種の自然哲学や神秘主義と同じく、占星術も客観的に扱おうとする研究者には、やはり迷信のジャングルに踏み入るにも一定の限界があるように思える。

西洋には占星術の信者や業者の書いた著述が無数にある。日本でも戦前戦後を通じていくつか星占いの指南書が出ている。本書を執筆中に荒木俊馬氏の『西洋占星術』(恒星社厚生閣)が出版された。信者以外の手で書かれた占星術書としては、日本で最初である。内容的には私の書いたものと重複するところはほとんどないが、実際の星占いの指南解釈についてはむしろ荒木氏の著にゆずる。それでものたりない読者は、自分で勝手に解釈のルールを作ってみられるがよい。玄人の占星術師が作ったものと、その当たる確率は五十歩百歩である。

私のものはあくまで科学史家としての筋を通そうとしたものである。しかし新書の範囲で徹底的網羅的な占星術史を書き上げようというものではなく、むしろ、私なりに占星術論ないしは占星術史論を展開したものである。執筆にあたってあまり肩を張らないようにとつとめたが、内容は学問的なものといってさしつかえない。

占星術はオリエント史や宗教史の側から研究が着手され、したがって占星術の起源、バビロニアやギリシアのそれについては幾多の古典的研究が出ている。その占星術が後の世に入ると、ますます雑多な要素を吸収して、複雑で手がつけられなくなる。雑駁な民間信仰的なものとも結びつき、どこが根元でどこが枝葉か区別がつかない。日本の陰陽道のごときはその典型である。その科学との関連は科学史家の扱うべきテーマであるが、まだほとんど鍬が入っていない。この小論では、古代史の方は諸権威にしたがうとしても、中世近世への展開を科学史の側から扱ってみたいと思った。このジャングルを切り拓くには、まずかなり大胆な図式・枠組みをこしらえておいて、その間に史料をちりばめていく、という方法を取らざるをえない。しかしそれでも十分成功しているとは思えない。とにかくまだこれからの問題である。

もうひとつ、この小論の特徴は、西洋の占星術の流ればかりでなく、中国やその流れである日本も同格に扱い、比較を試みようとしたことである。ただ一言注意しておきたいことがある。中国文化圏では運勢判断の術は易などによって占められ、占星術といっても日本人にはあまりピンとこないが、西洋ではわれわれの想像以上に社会の底辺に占星術が喰いこんでいるのである。

なお、資料については、西沢竜生、根本順吉、野口泰助、吉田重成の四氏に、その他については紀伊國屋書店出版部の服部芙美さんにお世話になった。

一九六四年二月

中山　茂

主要文献

最後に、私の見ることのできた占星術に関する代表的な著述をあげておこう。

まず、主な原典をあげる。バビロニア占星術について、

R. C. Thompson : *The reports of the magicians and astrologers of Nineveh and Babylon*, 2 vols (1900)

は楔型文字と英訳の対訳である。

ギリシアの占星術については、

Ptolemy : *Tetrobiblos*, Loeb classical library, No. 350 (1940)

にギリシア語と英語の対訳がある。

中国の占星術については、

『史記、天官書』『国訳漢文大成・経子史部十四巻』（一九二三）にその和訳がある。

『宿曜経』は『大正大蔵経』に含まれる。

日本の陰陽道については、

『簠簋内伝』が『続群書類従』第三十一輯（一九二七）

の中に収められている。

研究書では、バビロニア、ギリシアの占星術について諸権威の著述が目白押しに並んでいる。代表的なものを並べると、

A. Bouché-Leclercq : *L'astrologie Grecque* (1899)

F. X. Kugler : *Sternkunde und Sterndienst in Babel* (1907—34)

F. Cumont : *Astrology and religion among the Greeks and Romans* (1912)

M. Jastrow : *Religion Babyloniens und Assyriens* (1912)

F. Boll u. C. v. Bezold : *Sternglaube und Sterndeutung* (1926)

それに次の論文は重要である。

O. Neugebauer : The history of ancient astronomy ; problems and methods, *Publications of the astronomical society of Pacific*, vol. 58, p. 17, 104 (1946)

A. J. Sachs : Babylonian Horoscopes, *Journal of cuneiform studies*, vol. 6, p. 2 (1952)

ローマ以後になると、まとまったものはとぼしいが、

F. H. Cramer : *Astrology in Roman law and politics* (1954)

は最近の傑作である。

中世では、

T. O. Wedel : *The medieval attitude toward astrology* (1920)

があるほかは、

L. Thorndike : *A history of magic and experimental science*, 8 vols. (1923—58)

の巨大なソースから引き出すより仕方がない。同じ著者の、

The true place of astrology in the history of science, *Isis*, vol. 46, p. 273 (1955)

は一見に価する。

イスラム圏については、Nallino の書いた *Encyclopedia of Islam* 中の "Astrology" の項目のほかに、

A. Sayılı : *The observatory in Islam* (1960)

を使用した。

インドについては、古く、

G. F. W. Thibaut : *Astronomie, Astrologie und Mathematik* (1899)

にかんたんな叙述があるが、最近の論文

D. Pingree : Astronomy and astrology in India and Iran, *Isis*, vol. 54, p. 229 (1963)

は重要である。

中国の占星術については、まだまとまった著書はない。論文で重要なものに、

Chao Wei-Pang : The Chinese science of fate calculation, *Folklore studies*, vol. 5, p. 279 (1946)

H. Bielesntein : An interpretation of the portents in the T'sien-Han Shu, *The Museum of Far Eastern Antiquities, Bulletin,* No. 22, p. 127 (1950)
がある。
藪内清編『中国中世科学技術史の研究』中の「西方伝来の占星術」(一九六三)
日本の陰陽道については、
斎藤勵『王朝時代の陰陽道』(一九一五)
の著があり、最近では、
村山修一「上代の陰陽道」伊東多三郎編『国民生活史研究』第四冊
がある。また、
『古事類苑・方技部』(一九〇九)
は、占い関係のソース・ブックとして重宝である。
最後に、研究書としてはとかく難点があるが、占星術研究者の手になる占星術弾骸の書、
R. Eisler : *The Royal art of astrology* (1946)
を推薦しておく。

■著者 中山《なかやま》 茂《しげる》

1928年生まれ。1951年、東京大学理学部天文学科卒業。米国・英国にて科学史を専攻、1959年ハーバード大学より博士号を得る。東京大学助教授、神奈川大学教授を経て、現在、神奈川大学名誉教授。著書に、『近世日本の科学思想』（講談社学術文庫）、『野口英世』（朝日新聞社）、『科学技術の戦後史』（岩波新書）、『20・21世紀科学史』（ＮＴＴ出版）、『大学生になるきみへ』（岩波ジュニア新書）など、訳書に、クーン『科学革命の構造』（みすず書房）などがある。

占　星　術

〈初版・紀伊國屋新書〉
1964年3月31日　第1刷発行©
〈復刊版〉
2005年6月7日　第1刷発行©

発行所　株式会社　紀伊國屋書店
東京都新宿区新宿3-17-7
出版部（編集）電話03（5469）5919
ホールセール部（営業）電話03（5469）5918
東京都渋谷区東3-13-11
郵便番号　150-8513

ISBN4-314-00985-3　C0044
Printed in Japan
定価は外装に表示してあります

印刷　平河工業社
製本　図書印刷